中国特色社会主义工会学系列教材

工会与劳动关系学

主 编 闻效仪 孟 泉
副主编 钱智超 孙 妍 刘露露
参编人员（以撰写章节先后为序）
孟 泉 钱智超 程延园 刘 兰
孙 妍 刘元文 刘晓倩 唐 鑛
王 侃 赵祖平 刘露露

中国人民大学出版社
·北京·

主编简介

闻效仪：经济学博士、教授、博士研究生导师，中国劳动关系学院校学术委员会委员。兼任教育部工商管理类专业教学指导委员会委员、国家协调劳动关系三方会议专家委员会委员、国务院就业工作领导小组就业领域专家库专家、中国劳动和社会保障科学研究院特约研究员、中国人力资源开发研究会劳动关系分会常务理事、中国劳动学会劳动科学教育分会常务理事、国家社会科学基金评议专家。获评北京市优秀教师。研究方向为中国工会体制、集体协商理论与实践、工人集体行动、企业劳动关系管理等。主持和参与完成国家社会科学基金项目及各类省部级科研项目等数十项，主持和参与全国总工会和各地方工会委托课题三十余项；出版专著2部，参与1部；在《社会学研究》、《社会学评论》、《探索与争鸣》、*Employee Relations*、*Journal of Contemporary China* 等国内外重要学术期刊上发表与本领域相关的论文60余篇。

孟泉：中国劳动关系学院劳动关系与人力资源学院副教授，劳动关系系主任，劳动关系管理学科组组长。兼任中国人力资源开发研究会理事，中国人力资源开发研究会劳动关系分会常务理事，中国劳动经济学会劳动关系专业委员会秘书长；《中国人力资源开发》（CSSCI）责任编辑，《中国劳动研究》编委、责任编辑。研究方向包括劳动争议的预防与处理、工会改革、政府治理劳动关系的策略、新业态企业用工关系等方面。发表中英文学术论文、译文等40余篇。参与国家重大课题、省部级课题多项，主持地方政府、工会和企业委托课题二十余项。

内容简介

本书以工会和劳动关系理论作为基础，充分体现了工会理论和劳动关系理论的融合、经典理论和中国特色社会主义工会理论的结合，并以之为本书的知识基础。本书从劳动关系的视角梳理并厘清工会与其他主体之间的关系，既凸显工会的角色，又彰显主体关系；注重对工会在劳动关系视阈下核心职能的介绍和分析，呈现出工会对于构建和谐劳动关系的重要意义和影响。此外，本书展现了我国工会实践中的经典案例与经验，以实践印证中国特色社会主义工会理论的正当性、客观性和合理性。

总　序

2016 年 5 月 17 日，习近平在哲学社会科学工作座谈会上提出，要加快构建中国特色哲学社会科学的学科体系、学术体系、话语体系。今年 1 月，党中央、国务院印发的《教育强国建设规划纲要（2024—2035 年）》明确提出，为了增强高等教育综合实力，打造战略引领力量，要“构建中国哲学社会科学自主知识体系”。伴随着改革开放和社会主义现代化建设事业的推进，我国工会在党的领导下，与时俱进，改革创新，进行了从根本上区别于西方国家工会体制机制的探索，形成了中国特色社会主义工会发展道路。如何用学术讲好政治，在理论上讲明白这种实质性差异，传播中国工会的声音，建构一套完整的中国特色社会主义工会工作自主知识体系，在当下的国际背景下显得尤为迫切。

中国劳动关系学院探索构建中国工会工作自主知识体系始于 20 世纪 80 年代，至今已有 40 多年的历程。几代学人先是在马克思主义理论指导下运用科学社会主义的范式探索工会学，后从劳动关系学科的视角，从经济学、法学、社会学等交叉学科的视角研究工会理论与实践问题，形成了一批有较大影响力的工会学教材和著作。2023 年，中国劳动关系学院工会学专业获得新增本科专业备案，成为设在马克思主义理论一级学科下的全国首个工会学本科专业，并且顺利招生。为加强对习近平关于工人阶级和工会工作的重要论述的体系化、学理化研究阐释，加快推进工会学学科建设，提高工会领域人才培养质量，充分发挥优秀教材的示范辐射作用，在中华全国总工会党组的大力倡导和支持下，中国劳动关系学院在工会学学术体系、教材体系和人才培养体系建设方面积极探索，形成了这套中国特色社会主义工会学系列教材。

中国特色社会主义工会学系列教材以习近平关于工人阶级和工会工作的重要论述为根本遵循，立足于中国共产党领导工会工作的百年实践，结合新时代中国工会工作中遇到的新情况和新挑战，深刻阐释了中国工会学的基本理论、基本思想、基本观点和基本方法，总结提炼了中国工会学的新范畴、新逻辑和新框架。这套教材既是中国特色社会主义工会学学科中本体论建设的成果，也是构建中国工会工作自主知识体系的重要突破。这套教材中的每本教材均由中国劳动关系学院一线教学骨干领衔编写，内容紧密结合理论与实践，既回应了新时代中国工会工作的重大命题，又为构建中国工会工作自主知识体系提供了范式引领。

2025 年 4 月 28 日，在庆祝中华全国总工会成立 100 周年暨全国劳动模范和先进工作者表彰大会上，习近平深刻指出："百年工会正站在新的历史起点上，党和国家对工会组织寄予厚望，职工群众对工会组织充满期待。"我们将以更高站位、更宽视野，更深层次系统推进对习近平关于工人阶级和工会工作的重要论述的学理化阐释、学术化表达、大众化传播，为深化工会理论研究、推进工会学一级学科建设、促进工会领域高水平人才培养作出更大贡献。我们也期望这一学术成果能够为工会政策制定、工会重点工作创新、工会业务工作、工会改革发展提供理论参考，推动中国工会工作不断迈上新台阶，在以中国式现代化推进中华民族伟大复兴的征程中彰显中国工会新作为。

教材中难免有不尽完善之处，敬请读者批评指正。

中国特色社会主义工会学系列教材编委会

2025 年 6 月

前 言

工会作为劳动关系的重要主体，不仅在维护职工权益、调节劳动关系、促进社会和谐中扮演着不可或缺的角色，还对劳动关系体系的构建与发展产生深远的影响。随着全球经济一体化和社会主义市场经济体制改革的不断深化，劳动关系呈现出日益复杂化、多元化的特点，工会的功能定位、理论发展及实践路径也面临诸多挑战与机遇。本书以劳动关系为核心视角，从理论与实践相结合的角度出发，系统探讨了工会在劳动关系中的角色、功能及发展方向，旨在为学术研究和工会实践提供系统化、理论化的分析框架和启发性建议。全书围绕“劳动关系与工会”这一主题展开，深入分析了劳动关系理论的历史脉络、国际经验和中国实践，重点聚焦于中国特色工会的理论探索与实践进路，并从工会与职工、雇主及雇主组织、工会与政府等多重关系视角审视工会的功能与价值。

劳动关系是社会经济发展的核心领域之一，是劳动力与资本之间利益关系的集中体现。随着市场经济的快速发展，劳动关系方面的矛盾日益凸显，特别是在经济转型时期，劳动争议的频发和劳动者权益保障问题成为社会关注的焦点。在此背景下，工会的地位与作用更加突出。作为劳动者利益的代表组织，工会不仅承担着保障劳动者基本权益的责任，还在推动集体协商、构建和谐劳动关系、促进企业民主管理等方面发挥重要作用。从学术研究的角度看，劳动关系与工会研究具有重要的理论价值与现实意义：理论上，它涉及劳动关系理论与工会理论的多学科交叉，能够丰富和深化对劳动关系的本质、特点及运行规律的认识；实践中，研究工会如何在市场经济条件下履行自身职能，有助于推动劳动关系和谐与社会稳定，促进企业健康发展。

为系统探讨工会与劳动关系的互动关系，本书分为九章，各章内容相互联系，共同构成逻辑严密、层次分明的知识体系。第一章“导论”为全书奠定理论与实践基础，重点分析工会在劳动关系中的角色与作用、劳动关系对工会发展的影响，并结合中国实际梳理工会在市场经济条件下的发展与演进。第二章“劳动关系视角下的工会理论与研究”聚焦于劳动关系理论的发展脉络，探讨了劳动关系视角下的工会理论，并总结我国工会理论研究的进展，呈现理论与实践的结合点。第三章“劳动关系视角下的中国特色工会理论”结合中国经济社会发展实际，探讨构建中国特色和谐劳动关系的基本理念，分析工会在这一过程中发挥的作用，展望劳动关系新变化与中国特色工会理论发展的可能方向。第四章“工会与职工”从工会如何代表与服务职工出发，深入探讨其组织功能和实践成效，分析我国工会在维护职工权益方面的具体实践。第五章“雇主及雇主组织”从雇主与雇主组织的视角出发，探讨劳动关系中的对立与合作关系，分析雇主组织在劳动关系中的作用，并研究人力资源管理与劳动关系的相互影响。第六章“工会与政府”分析了工会与政府的关系以及其各自在劳动关系治理中的作用。第七章“集体协商”对集体协商的界定、类型、内容与程序以及策略和技巧进行系统阐释。第八章“企业民主管理与职工参与”探讨了企业民主管理的制度设计与实践，介绍了职工代表大会制度、厂务公开制度以及职工董事、职工监事制度等的具体内容，分析其对劳动关系的积极影响。第九章“劳动争议处理与预防”从劳动争议的概念入手，系统分析了争议的处理方式与预防措施，提出创新性解决方案。

本书力求实现理论研究与实践分析的有机结合，主要创新点如下：(1) 劳动关系视角的贯穿性分析。以劳动关系为核心视角，重新审视工会理论与实践，突出工会在现代劳动关系中的桥梁作用。(2) 中国特色工会理论的探索。系统总结和提炼中国工会的实践经验，提出构建中国特色工会理论的基本框架和发展方向。(3) 多维度交叉分析。从职工、雇主、政府等多维度考察工会的功能及影响因素，展现劳动关系的复杂性与多样性。(4) 研究方法上，本书采用文献研究、案例分析与比较研究相结合的方法，通过分析国内外工会实践经验，结合中国实际，提出理论创新与实践建议。

本书旨在为本科生、工会实务工作者及政策制定者提供一部系统、全面的参考书籍。目标读者包括：相关专业本科生，高校与研究机构的劳动关系与工会研究者；工会管理者与实践者；劳动关系领域的政策制定者与从业者；对劳动关系与工会感兴趣的社会公众。通过本书的学习，读者可以全面了解工会在劳动关系中的地位、功能与发展趋势，深化对中国特色工会理论的认识。

目　录

第一章

导　论

学习目的与要求

1. 充分了解工会在劳动关系中的角色和作用。
2. 理解劳动关系对工会发展的影响。
3. 了解市场经济劳动关系条件下我国工会的发展与演进。

课前预习题

1. 如何理解劳动关系中的工会?
2. 劳动关系中工会的角色是什么?
3. 劳动关系的变化对工会产生了怎样的影响?

引导案例

基层工会内部治理的典范
——J 工会的工作机制与能动性建设①

在当前推动新质生产力发展的过程中，工会应发挥积极作用，工会工作的开展只

① 案例选自《提升适应性：四新领域企业的运作模式与工会工作策略选择研究报告》。

有依循高科技企业发展的逻辑和规律才能获得更多的空间。经过中关村科学城总工会多年的探索，其在基层逐步培育出了一批工作具有特色的工会。J公司工会就是具有代表性的工会之一。J工会将自身发展的目标定位在：做职工的贴心人、做公司的好助手。正是在这种兼顾职工权益和企业发展理念的指导下，J工会在企业民主管理、职工服务和鼓励职工创新方面积累了非常丰富的经验，这些经验包含了两个重要的部分：基层工会工作机制和基层工会能动性建设。

J工会坚持每年召开职工代表大会，不仅为职工代表创造了一个表达意见的平台，同时也搭建了劳资沟通的平台。在职工代表大会上，J工会会针对企业作出的重大管理决策、工会年度计划，签订的集体合同等事项征求职工代表的意见，并予以反馈，力求做到汇总职工代表的意见和诉求，提升职工参与企业管理决策的质量和效率，并且，职工代表大会还承担了评选最美职工的职能，为企业树立榜样和标杆提供了稳定的平台。

除此之外，J工会还在职工代表大会的基础上，由工会组织推动，召开了全体职工参与的总裁与职工面对面活动。该活动的召开得到了管理层的大力支持，总裁提出，企业职工的诉求非常重要，通过面对面沟通的方式直接面对全体职工，企业展现出了对职工充分的尊重和诚意。J工会在会议召开之前会广泛收集了职工的意见和建议，经过筛选后的5到10条是大多数职工的诉求，包含午餐标准、出差费用、员工持股计划等方面内容，在总裁与职工面对面活动上获得领导的逐一答复。在现场，职工也会临时提出一些问题与企业高管层进行交流，这一平台的搭建成为企业民主管理机制的重要延伸，形成了工会推动的劳资对话沟通的核心渠道。

J工会除在民主管理机制中不断延伸，探索新的发展之外，在关爱职工方面也形成了长效运行机制。J工会不仅形成了长期慰问困难职工家属和患病职工家属的常规探视活动，这些活动还在一些关键时刻发挥了积极的作用。例如，公司一名外派到南京的职工由于身体突发情况不幸离世，当地办公室的同事不知如何妥善处理。在这一时刻，工会柳主席主动赶往南京进行善后和慰问工作。柳主席一方面积极联系逝者家属同步奔赴南京，另一方面在提前到南京之后为该名去世职工采买了善后所需的衣物等用品。逝者家属到达之后，巨大的悲痛之情下他们无法处理职工的善后事宜。这时，又是柳主席带着当地的一名同事为逝者擦洗身体、换上衣服、联系多方，将逝者通过妥善的方式运回了北京。经此一事，柳主席的个人行为成为公司对工会建立信任态度的重要的转折点，职工普遍认为柳主席面对离世职工心存大义，充分展现了工会作为职工“娘家人”的光辉形象。

J工会经过多年的工作积累，逐步形成了更加符合企业文化和企业发展步调的工会工作模式，也在不断地汲取企业管理的经验来改善工会组织建设的机制。

第一节 工会在劳动关系中的角色与作用

工会在劳动关系的发展历程中一直处于核心地位，劳动关系学科在欧美国家进入鼎盛时代也与工会的崛起息息相关。工会作为工人自发联合的组织，对国家、产业、地方、企业层面的劳动关系也产生了深远的影响。关于工会与劳动关系之间的关系，可以在三个层面来理解：首先，工会是劳动关系系统中的主体之一。劳动关系系统论对工会的定位就是其为劳动关系系统投入一端。其次，工会在劳动关系中作为工人的代表性组织，通过各种手段和方式维护工人的合法权益和利益诉求。最后，工会的经济性、阶级性和社会性功能对劳动力市场、劳动制度政策和企业管理策略都会产生不同程度的影响。总体来说，工会既是劳动关系的一个重要的组成部分也是影响劳动关系不断变化的重要因素。工会的生存与发展既要嵌入劳动关系的情境中也反过来影响劳动关系的走向，所以，工会与劳动关系之间是紧密联系、相互作用的关系。

一、工会的起源与历史发展

关于工会的起源有两种学说，即互助联谊说与职业规范说。互助联谊说以英国手工业者在 18 世纪晚期建立的组织为例。当时这些手工业者组织了一种具有互助联谊性质的组织，会员以“互助保险”的名义每周交一笔小额会费，在他们生病、退休、失业或者死亡时，其本人或者亲属可以获得一定数额的补偿。这些互助组织也建立了一种松散型的互助关系，为会员提供帮助，如提供临时住所、帮助寻找工作、为会员提供资助等。手工业者有时也会向雇主提出增加一些工资的要求，如果大部分会员都有这种要求，互助组织就会出面向雇主提出，或者组织会员到当地政府请愿。不过，在其会员个人与雇主发生纠纷的时候，互助组织很少能够提供物质帮助或者其他协助，而且这些组织常常因为资金短缺或者组织间的竞争而解散。

职业规范说以美国手工业者在 18 世纪晚期建立的组织为例。当时美国的手工业主要是一些加工作坊，由手工业者本人经营，这些手工业者都是具有一定技能的工匠，如制鞋匠、木匠、铁匠、印刷工人等。加工作坊是根据顾客和商人的订单进行生产的，同行业的作坊之间存在竞争关系。为了提高收入、抵制雇主降低工资、改善劳动条件、规范工作时间和击垮外来的竞争者，一个地区同行业的手工业者开始组织地方性的协会或者团体，对某一个行业加以规范，制定统一的培训、产品质量和价格等标准。这类组织当时在美国的波士顿、纽约和费城等城市比较流行。不过，这里的组织通常是因某件纠纷而成立的，待纠纷解决之后，就可能解散。[①]

工会起源于上述两类组织，不过这两类组织并不是现代意义上的工会。现代工会的雏形是在 19 世纪上半叶形成的，以英国工会发展史为例：英国工会最早是在 19 世纪上半叶出现的，当时英国的工业革命已经催生了资本主义的工厂，工厂里面的技术工人组织了第一批较为稳定的工会。这些技术工人主要是印刷工、制鞋工、纺织工等，他们文化程度相对较高，在工厂中也可以依靠技术获得较高的工资待遇，享有较高的职业保障。更重要的是，经过严格的学徒制培训，他们掌握了劳动力市场的稀缺技术资源，形成了一定程度的技术垄断，对劳动过程的控制能力较强。因此，在为自己争取利益的时候，这些人的资源和能力使他们具有与雇主对抗的实力。当时在英国出现了一些由技术工人组成的行业工会，这些行业工会有较为完整的组织机构和独立的领导体系，有永久的会员群体和固定的财政来源。这类工会类似一种依靠技术实现自我保护的组织，工会可以单方面制定与工作时间、最低工资、工作范围有关的规则，并通过规定学徒与正式工人之间的人数比例来控制劳动力的供给。如果雇主不同意工会提出的规则，那么工会可以动员工人辞职，并向辞职工人发放生活补贴。这类工会具有排他性的特征，将会员资格严格限制在技术工人群体[②]，未能囊括更多类型的工人。

随着工业化的进程，英国制造业迅速扩张，一些煤矿、钢铁厂和棉纺厂在雇用少数技术工人之外，开始大量雇用熟练工人。制造业的发展还带动了城市发展，出现了大量的新兴工业城市。大量产业工人的出现为英国工会的发展带来了新的契机，在 19 世纪中叶，以非技术工人和普通工人为主的工会逐步兴起，成为依靠大量工人形成较为强劲的组织力量来与雇主博弈的组织。自此，在英国以技术稀缺性和工人集体性为优势的两类工会成为主流。工会维护工人利益的主要手段就是集体协商和集体停工。这些工会策略的应用充分体现了工会依靠工人的结构性力量和结社力量，来实现在一个地区建立统一工资标准或计件单价的模式。随着产业工会的不断壮大，集体协商制度也逐步被政府认可，并且被政府认为是一种调节劳动关系的非常重要的手段。

第一次世界大战之后，英国工会的会员人数不断攀升，到了 1920 年，近乎半数的就业劳动力都加入了工会，在政府注册的工会数量也已经达到 1 384 个。20 世纪 20 年代，工会通过合并与联合形成了多个庞大的工会联合会。然而，第二次世

① 马歇尔，伦吉林．工会组织与美国经济．陶良谋，译．香港：今日世界出版社，1980.

② 海曼．比较工会运动．许继峰，吴育仁，译．台北：韦伯文化国际出版有限公司，2004.

界大战之后，由于经济萧条的影响，工会会员的人数产生了波动变化。到了20世纪80年代，随着工党的衰落和撒切尔政府主政，工会的权利在法律上受到了极大的约束，并且集体协商和集体停工也被严格地规制。这导致工会在制度上的优势大幅下降。

布莱尔领导的新工党政府上台之后，工会的生存环境获得了极大的改善，集体协商、集体停工等权利重新恢复，但是在法律规制上再次被限制，工会的发展也进入了一个过渡的阶段。随着全球化进程的不断加快、英国的工业不断衰落，工会的主要力量也逐步向服务业、公共部门等行业转移。工会试图通过进一步的联合，与雇主建立合作伙伴关系，同时寻求和其他社区组织建立联合的关系。这些策略都是工会在试图寻求一条复兴的道路，能够进一步增强工会的政策影响力和社会影响力。但是，总体来说，工会的实力已经大不如前。随着互联网、人工智能技术对产业的变革，传统的集体协商和集体停工的手段越来越不适应经济社会的发展，工会还在不断寻找新的发展方向。

二、市场经济国家的工会作用

市场经济国家工会的职能直接决定了工会的发展目标和工会自身的身份定位。从工会的起源和发展的历程来看，市场经济国家的工会的目标较为丰富。从本质上看，工会作为工人的组织，要在三个方面实现平衡：会员利益、制度规范和组织生存。在平衡这三个方面的过程中，工会随着劳动关系环境的变化而不断调整发展目标。

一般来说，工会的基础目标定位在实现会员的利益诉求之上，但是工会也会建立在影响劳动政策和工会自身组织发展的目标之上，形成同时定位多重目标的格局，因此，工会的作用在现实中也会被不断调整。总体来说，工会的作用包含以下几个方面的：

一是代表会员与雇主交涉。工会代表会员与雇主就劳动关系的事项进行交涉是工会的首要功能。交涉可以通过不同的形式开展，包括参与制定法律和政策、参与管理、参与制定雇佣组织内的行为规则、处理劳资纠纷等。交涉可以是定期的，例如集体协商、召开管理委员会会议；也可以是不定期的，例如随时代表会员向雇主反映他们的意见和不满。从性质上看，工会与雇主的交涉是对雇主管理权的分享，是一种实现劳资共决的路径。从策略上看，工会也会根据劳资双方的力量对比来调整具体的交涉方式和力度，从而推动劳资双方最终达成一致。从结果上看，劳资双方通过交涉可以达成妥协，而妥协实际上就是劳资合作的基础。劳资合作关系的建立可以促成一系列国家层面的合作形式，包括职业培训委员会、工业培训委员会、职业安全卫生委员会、经济发展委员会等。

二是代表会员与雇主进行集体协商。集体协商是迄今为止市场经济国家工会最核心的作用之一。工会通过集体协商与雇主共同决定工资、工作时间和其他劳动条件，以提高会员的工资水平和提供职业保障。实际上，工会集体协商职能的重要性已经日益显现。

三是为会员提供职业保障。提供职业保障也是工会重要的职能之一。一些国家在集体协商中，针对职业保障的对话甚至超过了针对工资的对话，职业保障成为集体协商的首要事项。特别是随着科学技术的进步，在互联网和人工智能时代由于工作的不稳定性增强，职业保障特别是兜底保障的问题成为工会发挥作用的重点领域。

四是代表会员参与政治活动。代表会员参与国家的政治活动是工会的参政职能。为了会员的利益，也为了自身的生存和发展，工会需要参与一些政治活动，在政治舞台上展示工会的社会力量，表达工会和会员的愿望与观点。在劳动关系较为发达的国家，工会可以与某些政党结盟，影响国家宏观劳动政策的走向和重点，同时从制度上为工会争取更多的生存空间。

五是为会员提供社会性服务。通过为会员提供一系列福利或服务，工会可以留住会员并吸引更多的职工加入工会组织。工会的服务职能和维权职能哪个是基础一直以来就是争论的焦点。从工会吸引职工入会的角度来说，工会从更加开放的角度为会员和即将成为会员的群体提供更好的服务，可以为工会的维权职能打下良好的基础。而工会的维权可以发挥稳定会员群体的作用，反过来可以更好地强化服务的效果。可见，两者必然是相辅相成的。

三、中国特色工会的角色与职能

对比于成熟市场经济国家的工会，我国工会的角色更加具有中国特色。从传统的角度来看，工会是职工自愿结合的工人阶级群众组织，是党联系职工群众的桥梁和纽带，是国家政权的重要社会支柱，是会员和职工权益的代表。这一定位凸显了工会在维护职工权益、促进职工参与国家和社会事务管理、推动企业民主管理等方面的重要作用。在新民主主义革命时期，中国工会跟随中国共产党而生，并在斗争实践中逐步孕育形成了“双重角色”定位，即既是工人阶级群众组织，又是党联系职工群众的桥梁和纽带。

从制度的角度来看：首先，我国工会是党领导下的群团组织，也是唯一合法的工人阶级组织。因此，工会最重要的功能就是在党的领导下，推动工会工作开展。其次，工会是广大职工合法权益的代表。作为职工的代表组织，各级工会的基本立场是维护职工合法权益。

维护职工合法权益是工会的基本职能。工会需要维护的职工合法权益包括：一是职工基本的劳动权益，包括就业的权利、获取劳动报酬的权利、获得劳动保护的权利、休息休假的权利等；二是民主权利，包括职工依法对企业、事业单位的事务进行民主管理、民主参与和民主监督的权利。除此之外，工会还负有主动职责，包括对职工进行教育的职责、组织职工参加经济建设的职责、协调企业劳动关系的职责等。

具体来说，中国特色工会的职能包含以下几个方面：

第一，维护职能。这是中国特色工会最基本、最重要的职能。工会代表和维护职工的合法权益与民主权利，在维护全国人民总体利益的同时，更加注重保障职工的合法权益。

第二，建设职能。工会动员和组织广大职工群众积极参加改革和建设，努力完成经济和社会发展任务，这体现了工会在推动国家经济社会发展中的积极作用。

第三，参与职能。工会代表和组织职工参与国家和社会事务管理，参与企业、事业和机关单位的民主管理，这有助于保障职工的民主权利，推动企业和社会的管理民主化进程。

第四，教育职能。工会教育职工不断提高思想道德素质和科学文化素质，从而建设一支有理想、有道德、有文化、有纪律的职工队伍，这有助于提升职工的整体素质，为企业和社会的发展提供有力的人才保障。

第二节 劳动关系对工会发展的影响

劳动关系的变化对工会的生存和发展产生了诸多影响，其影响路径主要是两条：其一是劳动关系主体行为变化对工会产生影响，其二是劳动关系规则变化对工会产生影响。

一、劳动关系主体行为变化对工会的影响

劳动关系主体行为变化对工会的影响产生于工会与其他主体之间互动的过程中。从传统劳动关系结构的角度来看，工人、雇主和管理者、政府的行为变化都会对工会的行为产生影响。此外，随着参与劳动关系主体不断增加，商业组织、社会组织、社

会贤达等都成为劳动关系的主体。因此，劳动关系主体对工会的影响也变得更加多元且复杂。下文将从职工、雇主和管理者、政府三个方面进行分析。

（1）职工的行为变化会对工会产生影响。

由于工会是职工的代表性组织，其核心的职能就是维护职工的合法权益和服务职工的工作与生活。我国2021年新修订的《工会法》明确规定了工会的基本职责是维护职工的合法权益和竭诚为职工服务。工会核心职责的落实必然要在职工与工会的互动中实现。职工的行为必然会影响工会职能落实的效果。职工一旦成为工会会员必然会对工会组织有所期望，那么职工的期望是否能够有效实现也会影响工会组织获得职工认可的程度。并且随着职工参与工会活动的时间不断增加，职工对工会的认识和理解就会产生变化，这种变化也许是积极的，也许是消极的，但其都会对工会产生影响。

一般来说，职工行为变化表现在三个方面：职工在多大程度上愿意加入工会；职工在多大程度上愿意向工会表达诉求；职工在多大程度上愿意参与工会的活动。

职工是否愿意加入工会取决于职工对工会有多大程度的了解。如果职工对工会一无所知，那么职工对加入工会的价值就会有误判，可能导致其不会加入工会。工会无法覆盖更多职工，工会工作就会处于无的放矢的状态。因此，工会本身需要通过宣传、服务等方式来吸引职工转变为会员。而随着新就业形态劳动者队伍的不断壮大，工会也要尽量发挥动员和组织新就业形态劳动者的作用。因此，我国工会利用多种组织方式动员了大量的新就业形态劳动者成为会员。例如，湖南省长沙县总工会就优化了智慧工会的线上平台，与街道协同活动，组织了大量的线下服务活动，动员新就业形态劳动者扫码入会，并且其可以在App上通过最便捷的方式了解工会的职能。

职工在多大程度上愿意向工会表达诉求取决于工会是否能够对职工的诉求有所反馈，甚或有所落实。如果工会没有主动了解职工的诉求，且对职工诉求缺乏反馈，或者缺乏落实，那么职工就会对工会失去信任感和认同感，从而导致工会无法实现对职工的代表性。因此，当职工向工会提出诉求的时候，工会至少要对职工进行反馈，且应对职工的诉求在可行的条件下进行落实。在工会有效解决职工问题、回应职工诉求的过程中，职工对工会的认知程度也会提升。这种转变也会促使工会在倾听职工诉求并作出反馈的工作中增强积极性。

职工在多大程度上愿意参与工会的活动，对工会开展各项活动具有关键性的作用。换言之，工会开展的活动对职工具有一定的吸引力，才能真正实现工会服务职能的可持续性。那么，职工是否有持续的参与感首先取决于工会开展的活动是否能够符合不同类型（年龄、性别、工龄、岗位等）职工的兴趣和要求。其次，职工在多大程度上能够参与到活动的设计、筹备过程中，实际上也是职工参与感的重要体现，对工会活动的吸引力具有积极的推动作用。因此，职工的参与对工会开展各项活动的可持续性具有重要的影响。

（2）雇主和管理者的行为变化也会对工会产生影响。

其一，雇主和管理者对工会的定位非常重要，如果雇主和管理者对工会缺乏一个清晰的定位，那么势必会导致工会在企业中的生存和发展受到负面的影响。因此，雇主和管理者认为工会在企业中是竞争对手还是合作伙伴的态度非常重要。

其二，雇主和管理者对工会建会的态度和配合程度会影响工会建会和动员职工入会的工作。在我国，除国有企业之外，民营企业和外资企业的雇主和管理者往往对工会心存芥蒂和疑虑，认为工会将在劳动关系方面成为潜在威胁。因此，工会需要在建会的过程中让企业明白工会在劳动关系中除了能维护职工合法权益，也会提升企业劳动关系管理的能力，并且在劳资矛盾中能发挥协调者的作用。

其三，雇主和管理者对工会工作的支持态度和给予工会发展的空间，也会对工会工作产生直接影响。因此，雇主和管理者对工会保持客观、理性的态度，对工会在企业中的生存和发展具有重要的作用。工会在与企业互动的过程中应该首先让雇主和管理者明确，工会维护职工合法权益的职能与工会和企业构建伙伴关系的角色并不冲突。与发达市场经济国家中工会坚持与资方之间构成冲突—妥协—合作—冲突的行为逻辑不同，我国工会在企业中维护职工合法权益的同时也要发挥构建和谐劳动关系的作用。因此，工会需要在建会之初就让企业打消对工会的疑虑和恐惧，让雇主和管理者了解到工会在促进企业发展、协调劳动关系等方面的作用。工会开展的各项活动，包括维护职工合法权益的行为，都可以让雇主和管理者意识到，工会维护职工合法权益和开展服务活动、经济科技类活动都是为了助力企业的发展。然而，现实中仍旧有很多雇主和管理者对工会存在的必要性缺乏较为深刻的认识，往往在发生了劳资冲突之后才意识到工会的存在对于缓解劳动关系中的压力与矛盾的重要性，才开始了解并接纳工会。

（3）政府的行为也可以对工会产生诸多影响。

由于政府和工会在保护职工合法权益方面各司其职，因此二者在工作中会产生一定的交集。针对劳动关系领域，政府的主要职责在于推动中央和地方层面的制度与政策的制定和实施，以及运用协商协调机制来解决劳动争议。而工会则是通过事前介入，发挥其在企业中协调劳动关系的功能，预防劳动争议和劳资矛盾的爆发。工会在劳动关系治理领域中的作用还包括发挥其民主管理的功能，在企业裁员、解除劳动合同等场景下发挥工会监督的作用。应该说，政府和工会在劳动关系治理中形成了彼此支撑的关系。

二、劳动关系规则变化对工会的影响

劳动关系规则对工会的影响体现在两个不同方面：第一，劳动关系规则是工会参与劳动关系工作的基本原则和法律依据。随着我国劳动法律、政策体系不断完善，工会维护职工的合法权益也具有了较为可靠的合法依据。宏观上，工会可以进一步参与到法律法规、政策的制定过程中，通过国家三方（劳、资、政）协调机制等方式，工会可以在劳动法律、政策出台之前深度参与，为劳动者发声。微观上，工会可以根据我国劳动法律、政策，及时针对制度的变化和更新情况与企业进行沟通，帮助企业实现合规管理，避免劳动争议的发生。

第二，劳动关系规则对于工会维护职工权益具有强化支撑作用。劳动关系规则分为实体性规则和程序性规则。实体性规则规定了劳动者可以享受的权利，对于工会来说，工会可以将劳动法律、政策作为维权的工具，在向企业建言，与企业管理层进行沟通、对话，组织恳谈会、集体协商等各类与企业互动的活动中，都可以将法律、政策赋予劳动者的权益作为核心的内容。程序性规则从另一个角度支持了工会在企业民主管理、企业决策和企业发展战略转型方面发挥独特的作用。例如，企业在经济性裁员决策中必须与工会沟通，听取工会和职工的意见。这些法定程序的履行已经成为过往劳动争议爆发的风险点。工会也可以借助这些程序性规则赋予的权力，避免劳动争议的爆发。

第三节　市场经济劳动关系条件下我国工会的发展与演进

在资产阶级政治经济体制下，工会的角色与性质是非常明确的，即在劳动关系中站在资方的对立面，代表和维护工人的利益。不过，在社会主义公有制体制下，工会的角色与性质就容易变得模糊，或者说需要重新界定。在我们国家，由于特殊的历史原因，工会站在职工的立场为职工说话办事还曾被错误地批判为“经济主义”和“工团主义”，工会在一段时期里基本以生产为中心，其结果必然是容易出现脱离职工群众的危险。改革开放之初，中央对工会的历史问题进行了拨乱反正，给重新探讨工会的角色与性质问题提供了空间。同时，经济、社会生活的变化也促使人们进行这种探讨。

一、改革开放初期工会的角色与性质研究

改革开放初期，虽然非公有制经济开始得到发展，但直至 20 世纪 80 年代末，公有制经济仍然占据绝对优势，所以不存在市场化的劳资矛盾以及资方对劳方的剥削和压迫。在社会主义初级阶段，工人阶级内部存在着管理者与被管理者的矛盾，如果管理者脱离了被管理者，也即出现了官僚主义，那么就容易出现管理者对被管理者的利益加以损害的现象，这时就需要工会代表被管理者的利益，来调节工人阶级的这种内部矛盾。这也是工会工作的基本出发点。1992 年党的十四大确定了建立社会主义市场经济体制的改革目标。自此我国的劳动关系开始朝市场化方向改革，这就需要探索工会在社会主义市场经济体制下的角色与性质。

在从计划经济向市场经济转变的过程中，劳动关系的性质也从同志式的互助合作关系转变为以利益调节为主的合作关系；同时，劳动关系的调节手段也从以行政控制为主转变为以经济契约为主。在这一过程中，劳动关系双方的利益分化将会加大，且劳动者的经济权益可能因此而受到严重冲击。

此一时期，工会的主要任务就是通过维护劳动者权益来调节劳动关系，由此来促进生产。在计划经济下，经济和政治通常是融合在一起的，工会在当时主要是发挥政治组织的作用，而在市场经济下，经济和政治的关系被理顺，工会的经济作用凸显，工会依利益原则来处理劳动关系，采取的也是诸如集体协商和集体合同等经济手段。

在计划经济时期，所有工作人员都是“国家职工”，没有雇主与雇员之分。在这种情况下说工会是职工的代表，那意味着其是所有工作人员的代表，而这种代表并不具有劳动关系意义。但进入市场经济时期后，国家、企业和劳动者分化为独立的利益主体，劳动关系的主体变得明晰了，一方是作为劳动力使用者的企业经营者和管理者，另一方则是劳动者。前者要求明确和保障自己作为管理者的权益，这表现为企业家协会日益活跃，而后者也要求有自己的代表者，那就是工会，而且工会是以集体劳权的代表身份来履行其维护职责的，这也是劳动法和工会法所赋予的权利。

中国工会的角色与性质明晰化，是随着社会主义市场经济体制改革目标的提出而实现的，这也反映在中国工会章程的变化上。中国工会十二大通过的工会章程载明，中国工会不仅是“党联系职工群众的桥梁和纽带”和“国家政权的重要社会支柱”，也是“会员和职工利益的代表”。

二、改革开放中后期工会的角色与性质研究

虽然在经济体制改革的过程中，中国工会的角色与性质逐渐在理论上得到了明晰，也就是工会的“双重角色”的定位①，即中国工会既是劳动者的集体代表者和维护者，又是劳动关系的协调者。前者是中国工会的一般属性，后者则是中国工会的体制性特色，这不仅表现为中国工会章程和工会法都规定了工会需要在党的领导下履行“双维护”职责，也表现在实际运行过程中，工会与政府部门的关系实质是政府内部的“合作”“协调”的关系，此外还表现在工会干部与党政干部之间的互通上。

那么，中国工会的这种双重角色定位究竟从何而来呢？首先，从历史的角度来看，这种双重角色其实在新民主主义革命时期就已经孕育形成；其次，在新中国成立初期，其又经过了理论和实践上的探讨；最后，其在改革开放时期得到了进一步的体制性强化。② 中国工会的力量主要来自它们在党政系统中的地位和身份，但这也决定了它们的职能是在维护全国人民的总体利益的前提下维护广大职工的利益，并且在一定程度上工会还负有维护劳动关系和谐稳定的职责：其一是“内部维权”即在企业中维护职工的权益。其二是“外部维权”，这是因为工会的维权更多的是通过各种“源头参与”来进行，而这些大都发生在企业外部；其三是“社会化维权”，这是因为工会没有行政权力，所以更多地需要联合党政部门来进行维权或协调劳动关系。

关于中国工会的角色和性质，还可以从四个方面进行考察：其一，中国工会组建的目的和意义在于辅助国家落实“支部建在连上”，即在单位制瓦解后，基层工会组织成为“支部建在连上”的新载体；其二，中国工会的组织管理体制是“党管干部”，中国工会一直强调实行上级工会和同级党委双重领导，以同级党委领导为主的原则；其三，中国工会的职能目标虽然强调要代表和维护职工合法权益，但更强调要“服从大局”，“紧紧围绕党的中心任务开展工作”；其四，中国工会的运作方式是“党委领导、政府支持”和“依法维护”。由此可见，中国工会的角色和性质必须放在国家治理的架构中才能获得完整的、客观的理解和解释，即中国工会扮演的是参与国家治理的中介性组织的角色。③

本章小结

工会既是劳动关系一个重要的组成部分也是影响劳动关系不断变化的重要因素，

---

① 徐小洪．中国工会的双重角色定位．人文杂志，2010（6）：151－160.

② 谭泓．中国工会双重角色定位的形成渊源与探索发展．马克思主义与现实，2015（1）：198－201.

③ 吴建平．中国工会为什么要创办企事业：1980—2000．学海，2012（4）：21－26.

工会的生存与发展既嵌入劳动关系的情境中也反过来影响劳动关系的走向，所以，工会与劳动关系之间是紧密联系、相互作用的关系。劳动关系主体的行为变化和劳动关系规则的变化都会对工会产生影响。中国工会作为唯一的代表职工合法权益的合法组织，其性质和职责也在经济、社会的发展过程中经历了不断的变化和定位，其在不同的历史阶段肩负了不同的使命。

主要术语

1. 工会的职能：工会是职工自愿结合的工人阶级群众组织，是党联系职工群众的桥梁和纽带，是国家政权的重要社会支柱，是会员和职工权益的代表。

2. 工会的“双重角色”：中国工会既是劳动者的集体代表者和维护者，又是劳动关系的协调者。前者是中国工会的一般属性，后者则是中国工会的体制性特色，这不仅表现为中国工会章程和工会法都规定了工会需要在党的领导下履行“双维护”职责，也表现在实际运行过程中，工会与政府部门的关系实质是政府内部的“合作”“协调”的关系，此外还表现在工会干部与党政干部之间的互通上。

阅读文献

1. 徐小洪．中国工会的双重角色定位．人文杂志，2010.

2. 谭泓．中国工会双重角色定位的形成渊源与探索发展. 马克思主义与现实，2015.

3. 程延园．劳动关系．4 版．北京：中国人民大学出版社，2016.

4. 中国工运事业和工会工作“十四五”发展规划．

复习思考题

1. 工会在劳动关系中的角色是什么？

2. 工会对劳动关系的影响是什么？

3. 请简述在劳动关系场景之下，工会与其他主体的关系。

4. 如何理解工会在调整劳动关系中的作用？

5. 工会在构建和谐劳动关系中的职能是什么？

第二章

劳动关系视角下的工会理论与研究

学习目的与要求

1. 充分掌握有关工会的劳动关系理论。
2. 理解不同视角下的劳动关系理论。
3. 学会用劳动关系理论分析工会问题。

课前预习题

1. 传统劳动关系理论包含几个学派？
2. 什么是工会的二重性矛盾？
3. 工会复兴理论包含哪些内容？

引导案例

构建“365N”高质量沟通体系

——一汽大众汽车（天津）有限公司工会经验[①]

一汽-大众汽车（天津）有限公司工会委员会（以下简称大众汽车工会）通过多

① 案例来源：《2023年“三个一”工作法发展研究报告》。

年的沉淀和累积的经验，已经逐步形成了符合大众企业性质与文化的沟通机制，即“365N”，并实现了覆盖全公司的体系化建设，实现了工会为劳资双方搭建沟通平台的功能，并从效果上强化了劳资命运共同体格局的建设。

秉承“365N”沟通理念，大众汽车工会将沟通机制划分为三个层级，即在高层、中层和基层都推进了沟通机制的建设，这三层级的沟通机制建设背后的支撑核心因素就是管理者带头沟通。因此，以管理者带头实现示范效应，沟通氛围可以更加顺畅地与企业管理文化相融合。在三层级的基本框架之下，六种沟通的渠道也随之形成，包括较为正式的职工代表大会制度、实现劳资双方面对面交流的职工座谈会、旨在强化管理层参与的经理午餐会、体现党工协同形式的“书记/主席来了”、所有职工能自由发言的“津津乐道”线上App平台，以及践行围绕企业战略布局的形势任务宣讲团。这六个渠道折射出“365N”理念中的核心内涵，即要让职工与企业通过沟通实现职工生活品质的提升与企业生产效率提升的双重目标。因此，大众汽车工会进一步在沟通内容的重点上突出了“五必讲”，包括改革方向必讲、工资变化必讲、财产变化必讲、职工福利必讲、吃穿行变化必讲。从内容看，这“五必讲”实际上体现出工会对沟通效果在职工生活、权益和企业发展三个方面的重视。

从机制运行的角度来看，职工代表大会中一线职工代表占比70%，一线职工的诉求和意见可以通过职工代表大会最大限度得到表达。职工座谈会不拘一格，不仅开展了分公司和车间两级职工座谈会，还召开了专项座谈会、职工服务开放日、视频难点问题解决沟通会等会议，多样的形式让职工与企业之间的沟通变得有的放矢，更加顺畅。经理午餐会集中体现了“面对面”沟通的优势，一汽-大众（天津）有限公司30多名经理人员，每周随机邀请基层职工共进午餐，在轻松愉悦的氛围中，倾听职工在个人发展、班组建设、企业经营管理等方面的意见和建议。“书记/主席来了”成为上级领导直接深入职工生产生活的一线、了解民情的重要渠道。党委书记和工会主席在过去一年中分别走访和调研了职工服务中心、职工公寓、一线生产座谈会、职工之家、职工宿舍等场所，现场帮助职工解决“急难愁盼”问题。大众汽车工会还自主开发“津津乐道”数字化平台，随时收集职工建议和诉求，组建诉求回应团队，通过政策解读、答疑解惑、一对一回访等形式实现24小时内精准答复。共性诉求由机器人自动解答，个性问题由自动指派的答复人解答，实现了职工诉求数据动态分析和辅助决策。工会还可以依据诉求数据适时组织研判分析会，推动问题解决。工会还组建了由公司管理层、人力资源经理、优秀职工代表组成的形势任务宣讲团，深入车间一线，将公司的战略、人事政策、职工福利、职业发展规划等职工关切的事项，及时、清晰、全面地传递给基层职工，在2023年共计开展21场宣讲活动。

从效果落实上看，大众汽车工会通过全面且深入的三层级的沟通机制建设，进一步深入研究了矛盾的演变机制，根据早识别、早研判、早疏解的三早工作法，及时化解了职工的诉求和矛盾，形成了工作舒适、环境舒心的工厂氛围，提升了工作效率。此外，在提升职工生活品质方面，工会建立了13个社团协会，开展了“工会就在我身边”活动，持续开展EAP心理关爱活动，建立1个职工服务中心、9个关爱服务阵地和多个便利服务角，实现了从沟通需求到多元服务的目标。此外，工会还根据职工对职业生涯成长和赋能的需求，建立了“13161”技能人才培养体系，实现了从生产中培养基础人才到孵化大国工匠的人才上升阶梯。

第一节　劳动关系理论的发展脉络

一、韦伯夫妇的经验和邓洛普的结构

在劳动关系的研究中，在理论上作出最重要贡献的仍旧是来自英美两个国家的学者，他们的学术贡献成为劳动关系基础理论从创生到发展的基石。英国劳动关系理论从一开始就奠定了经验主义的基础。① 根据考夫曼的研究，韦伯夫妇（the Webbs）早期的名著《产业和平》就已经奠定了英国劳动关系研究的理论基础，即倡导对工会主义和集体协商的认同。他们对集体协商的强调和认同，影响了后续诸多英国劳动关系学者提出的理论，特别是多元主义理论。② 另外，阿克斯和威金森也指出，韦伯夫妇作为奠基人，其地位又被上升为推动“管理社会科学”与“旨在社会改革的交叉学科运动”的产业关系先锋人物。③ 从本质上看，工会和集体协商是解决劳动争议的一种重要手段，大量劳资冲突的出现需要一种新的制度来改变雇主单方面就劳动条件进行决策的传统。现实中，工会的崛起使工人进入组织化的形态，继而要求和雇主通过

---

① 吴清军．整合式还是多元化?：劳动关系研究范式的争辩与研究发展趋向．中国人民大学学报，2015（4）：34－42.

② Kaufman，Bruce. Employment relations and the employment relations system：A guide to theorizing//Bruce Kaufman（eds. ）. Industrial relations research association series：theoretical perspectives on work and employment relationship. Champaign：University of Illinois，2004：41－75.

③ Ackers，Peter and Wilkinson，Adrian. Industrial relations and the social sciences//P. Blyton，N. Bacon，J. Fiorito and E. Heery（eds. ）. The sage handbook of industrial relations. London：Sage，2008：53－68.

谈判、对话来解决矛盾。从理论研究和现实关切的两个角度来看，从韦伯夫妇开始，围绕集体协商的传统就已经成为英国劳动关系研究关注的焦点，以至于之后的工作规则分析都是这个传统的延续。

另一个被奉为劳动关系理论研究奠基人的学者是美国的邓洛普。他最先构建了美国多元主义理论的基石——系统论。系统论是劳动关系早期最为经典亦是影响最为深远的理论，邓洛普作为系统论的缔造者受到帕森斯的社会系统理论的影响，提出了与经济系统、政治系统既平行存在又互有交集的劳动关系系统。① 这一子系统中包含政府、雇员与雇员组织、雇主与雇主组织三方主体，主体之间的互动行为建立在一种共同的理念之上，并受到技术、市场与权力等外部环境因素的影响，最终形成了劳动关系系统中有关工作和社会的一张“规则网”②（web of rules）。

邓洛普开创了描述型劳动关系理论分析框架的先河。其以“规则网”为核心的“投入（输入）—过程—产出（输出）逻辑循环”范式在之后得到了桑德沃、冈德森等人的继承与发展。③ 系统论背后隐含的制度主义，或曰作为劳动关系系统产出的规则，对美国劳动关系理论研究的影响一直延续到 21 世纪，即便是后来提出以元范式来分析劳动关系的巴德，也很难完全摆脱系统论的影响和束缚。

总之，劳动关系理论的发端必须以劳动关系制度的出现作为理解劳动关系的起点。劳动关系理论体系不仅包括多元主义理论，还包含一元主义理论和马克思主义理论。

二、一元主义理论、多元主义理论和马克思主义理论的形成

随着劳动关系基础理论的发展日臻成熟，福克斯（Alan Fox）将劳动关系理论按照意识形态的不同划分为三个流派，即一元主义理论、多元主义理论和马克思主义理论。

1. 管理视角下的一元主义理论

一元主义理论的基本假设是承认雇主与雇员的利益是一体的，出现任何劳资矛盾或纠纷，都属于非正常且病态的现象，反映出管理出现了问题。那么，解决问题的方

---

① Dunlop, John. Industrial relations systems. New York: Holt Müller-Jentch, Walther, 2004.

② Anderson, John, Gunderson, Morley & Ponak, Allen. Union-management relations in canada. 2nd edn. . Ontorio: Addison-Wesley Publishers, 1989.

③ Sandver, Marcus. Labor relations: process and outcomes. Boston: Little, Brown and Company, 1987; Gunderson, M. . Union-management relations in Canada. 3rd edn. . New York: Addison-Wesley Publish Limited, 1995.

式就是改善管理方式。建构在这样的基本假设之上，劳动关系的一元主义理论与人力资源管理理论本质上同源同根，泰勒主义、霍桑实验和梅奥的人际关系理论等建立了后续一元主义理论的基础。这些理论基本上都集中讨论了工业管理的方法和创新。之后，一元主义理论中还囊括了马斯洛的需求层次理论、麦克雷戈的 X 理论－Y 理论、赫兹伯格的双因素激励理论、勒温的群体行为理论、管理过程理论、权变理论等等。这些理论都属于较为传统的人力资源管理理论，与当今对人力资源管理的研究相差甚远。[①]

从实践的角度来说，一元主义理论主要研究的对象集中在早期的人事管理和人力资源管理之上，但是一元主义理论也始终未能获得劳动关系学界的重视。当今大多数研究都是从人力资源管理的视角去探讨劳动关系的问题。国内这方面较为典型的研究议题包括劳动关系氛围、工会组织承诺、雇佣管理策略等。[②]

2. 多元主义理论的变革：工作规则研究和劳动关系系统论

多元主义理论的基本假设与一元主义理论完全相反，多元主义理论并不回避劳动关系中劳资之间的矛盾冲突，认为劳资之间的矛盾是无法避免的，但是可以通过制度化的手段加以解决。[③] 这个基本假设也决定了多元主义理论一直受到制度主义的影响，并通过搭建一个劳动关系系统来描述劳动关系的全景。这种理论建构的传统被不同的学者称为“规则中心论”或者基于“结构功能主义”或“经验主义”的劳动关系理论。[④]

多元主义理论包含两个理论分支：一个分支是以英国牛津学派为代表的工作规则论，另一个分支是以美国学者为代表的劳动关系系统论。

持工作规则论者的核心关注点在于劳动关系的规则与政策。在这个学派之中，在国家、产业、行业、组织等各个层面的正式的劳动关系规则和非正式规则构成了研究的核心问题。一方面，秉承经验主义理论，大量的学者认为工会制度和集体协商制度是解决英国劳动关系问题的关键，甚至是市场经济国家必然要选择的解决劳动关系问题的制度。[⑤] 工会制度和集体协商制度的意义在于其能够在产业或行业层面形成一种劳

---

① 冯同庆．劳动关系理论研究．北京：中国工人出版社，2012.

② 崔勋，吴海艳．劳动关系氛围研究．中国人力资源开发，2011 (3).

③ Fox, Alan. Industrial sociology and industrial relations. Royal Commission on Trade Unions and Employers' Associations, research paper 3. London: H. M. S. O. , 1966: 1 - 59.

④ 孟泉．从中心论到互构论：构建基于核心概念的劳动关系分析框架．中国人力资源开发，2018 (5).

⑤ Wood, Stephen, Wagner, E. G. A. Armstrong, J. F. B. Goodman and J. E. Davis. The industrial relations system: Concept as a basis for theory in industrial relations. British journal of industrial relations. Vol. 13, No. 3, 1975: 291 - 308.

资双方以自愿主义为基本原则的博弈关系，工会和雇主根据集体协商的结果来改善劳动条件，实现工人工资水平、福利待遇等方面的提升。并且，这个制度的实施，也可以在产业和行业层面避免大规模的劳资冲突的爆发。

另一方面，一批关注英国劳动制度和政策演进逻辑的学者将劳动法律、公共政策、集体协商等不同类型的制度综合在一起进行讨论，追溯并分析英国劳动关系制度和企业劳动关系管理规则的变化。① 值得注意的是，对劳动关系制度体系的研究在2000年之后逐步开始转向，这种转向的背景是新工党登上了执政舞台，推行“第三条道路”，即对工会制度和集体协商制度加以限制，在劳资之间形成制度性制衡。而这种改变也导致工作规则论的传统核心议题从集体协商逐步转向公共政策，正如阿克斯和威廉姆斯提出的新多元主义理论将讨论劳资之间的单一关系视角拓展到了更为广阔的利益相关者视角，并强调激发社会的活力，注重工作与家庭的平衡，倡导符合伦理关系的雇佣制度。英国传统多元主义理论与新多元主义理论之比较参见表2—1。

表2—1　英国传统多元主义理论与新多元主义理论之比较

传统多元主义理论	新多元主义理论
利益	利益和价值
工作场所的矛盾与经济秩序	社会障碍和社会凝聚
工会和集体协商	道德社区和社会机制
劳工的发展	市民社会和民主权利
控制的边界	资本主义关系和利益相关者
共同的规则	合乎伦理的雇佣规则

来源：冯同庆．劳动关系理论研究．北京：中国工人出版社，2012。

除英国的牛津学派之外，另一个重要的多元主义理论的分支就是以美国学者为代表的系统论。系统论最早是由邓洛普提出的，邓洛普认为劳动关系实际上是与经济系统、政治系统平行存在且互有交集的系统，这一系统运行的基本规律就是“投入—产出”的逻辑。邓洛普认为，劳动关系主体（如雇主、雇员、政府）、技术因素、市场因素、权力因素、意识形态因素等构成了劳动关系系统运行中的投入因素，而经过劳动关系系统运行之后，这些因素的产出则是“规则网”的输出；而这些规则再次成为投入因素，影响系统运行的过程，并再次产出新的规则。② 沿着这一逻辑，安德森进一步提出了“投入—产出”模型。首先，安德森的模型将外部环境因素与劳动关系主体加以区分，一方面丰富了外部环境因素的范畴，另一方面也提出了外部环境因素对

① Dickens, Linda & Hall, Mark. The changing legal framework of employment relations//Colling, Travor and Terry, Micheal. Industrial Relations: Theory and Practice. 3rd edition. John Wiley & Sons, 2010.

② Salamon, Micheal. Industrial relations: Theory and practice. 2nd. edn. . New York: Prentice Hall, 1992.

主体互动的影响。其次，安德森提出了产业关系系统的多层次性，包含社会、部门、产业、企业等层面，并且在不同层次产出的规则会成为其他层次的投入因素。最后，安德森将实体性规则将视为产出，而程序性规则作为转换过程。[①] 安德森提出的“投入—产出”模型进一步深化了邓洛普的劳动关系系统论，更加突出系统的复杂性、多变性和循环性。但是，该模型并未否定工作规则论，仍旧将工作规则作为系统运行最终的结果来看待。但是，安德森所重构的模型暗示了劳动关系系统运行的另一个逻辑，即系统投入因素和产出因素的不断循环构成了系统“投入—产出”逻辑的再生产规律。那么，这也就意味着“后系统论”的价值在于其能够启发学者在对具体问题的研究中探究某一情境下的“投入—产出”的具体逻辑及其再生产的机制是如何完成的。

当然，对系统论的批评也非常尖锐，例如，吴清军直接指出系统论的理论基础就是“结构功能”论，且对“系统”定义不清。[②] 而对系统论诟病最多的是在多元主义学派之后崛起的激进学派，其中最具代表性的是马克思主义学派。这些批判的核心观点就是，系统论所坚守的“规则中心论”，导致大量劳动关系规则背后隐藏的更多的不同主体之间的互动行为在劳动关系系统论中被忽略，而主体的互动行为才是影响劳动关系运行与发展的更加关键的因素。[③]

3. 马克思主义理论的崛起：冲突论与反思

在对多元主义理论的质疑声中，马克思主义学派的理论再次引起了劳动关系学界的重视。这一学派的理论虽然不能代表激进学派理论的全部，却是激进学派理论的核心。马克思主义学派的理论根基也是在充分承认劳资之间的冲突不可避免的假设之上提出的。但是，与多元主义学派的不同之处在于：马克思主义学派并不认为劳资之间的冲突是可以通过某种方式来调和的，因为新的制度出现还会引发新的冲突。[④] 换言之，制度对不同主体来说不仅是约束其行为、解决过往问题的办法，还是不同主体可以利用的资源，也就是形成权力的来源。[⑤]

马克思主义理论的代表人物就是海曼（Richard Hyman），他基于对多元主义理论的反思，提出了由利益、冲突、权力和控制四个核心概念构成的基本理论逻辑。他

---

① Anderson, John, Gunderson Morley & Ponak, Allen. Union-management relations in Canada. 2nd edn. . Ontorio: Addison-Wesley Publishers, 1989.

② 吴清军 . 整合式还是多元化?：劳动关系研究范式的争辩与研究发展趋向 . 中国人民大学学报，2015 (4)：34 - 42.

③ Blain, A. N. J. & Gennar, John. Industrial relations theory: A critical review. British journal of industrial relations. 1970, 8 (3): 389 - 407.

④ Hyman, Richard. Industrial relations: A marxist introduction. London: Macmillan, 1975.

⑤ Kaufman, Bruce. The theoretical foundation of industrial relations and its implications for labor economics and human resource management. Industrial and labor relations review. Vol. 64, No. 1, 2010: 74 - 108.

认为，劳资之间的矛盾源于利益，而利益上的分歧导致劳资之间爆发冲突，在冲突过程中双方的目标是尽量通过增强自身的权力来影响对方，以控制对方。因此，劳资双方之间也就存在一个对工作关系控制权的争夺或博弈的过程。在这个互动过程中，海曼强调了劳资双方主体的权力对劳资博弈结果的决定性作用，并将权力分为自主性权力与施予性权力。这种二分法实际上揭示了权力的形成与使用两个过程，前者是后者的基础，而后者则使前者的价值得到实现。在海曼看来，劳资双方在多大程度上能够实现对工作关系的控制取决于双方的权力对比状况。①

海曼坚守的政治经济学视角的分析对后续的学者颇具影响，例如，凯利（John Kelly）对海曼提出的权力概念进行了反思和讨论，他通过对英国工人的罢工行动进行考察，提出利益和权力这两个概念在劳动关系理论的研究中并未获得清晰的论述，这导致这两个概念的应用泛化。对于不同的劳动关系主体来说，其利益的定义需要考虑主观定位的利益和客观存在的利益之区分；同时利益也受到主体身处的不同环境（context）的影响。② 权力的逻辑也不是一成不变的。对这些基本概念的反思成为马克思主义理论的主流学说。

此外，马克思主义理论中将劳动过程理论也纳入这一学派的范畴。简言之，劳动过程理论的核心思想就是基于工人剩余价值被剥削的基本假设，考察劳动过程中资本是如何通过不同类型的手段来控制工人的行为，以及在这种控制之下，工人反抗或满意的反馈行为。③ 而当市场、制度、社会等结构性因素都被纳入考察的范围时，劳动过程理论则进一步希望解释某一种“劳工政治”形态形成的原因。④ 无独有偶，海曼的理论也曾提到劳资之间的关系本质上是一种控制和反控制的关系。⑤

三、制度与冲突的循环逻辑

对于劳动关系理论传统的三分法来说，多元主义理论和马克思主义理论仍是劳动关系早期研究的主流理论。我们除了要深入理解这些理论的内涵，更重要的是要明确其应用的价值体现在何处。

---

① Hyman，Richard. Industrial relations：A marxist introduction. London：Macmillan，1975.

② Kelly，John. Rethinking industrial relations：Mobilization，collectivism and long waves. London：Routledge，1978.

③ 沈原，闻翔．转型社会学视野下的劳工研究：问题、理论与方法//郭于华．清华社会学评论：第 5 辑．北京：社会科学文献出版社，2012.

④ Burawoy，Michael. The politics of production：Factory regimes under capitalism and socialism. *London*：*Verso*，1985.

⑤ Frege，Carola，Kelly，John and Patrick McGovern，Richard Hyman. Marxism，trade unionism and comparative employment relations. British journal of industrial relations，49：2，2011：209－230.

1. 系统论的启示与价值

系统论作为劳动关系多元主义理论的基石，试图将劳动关系置于一个系统之中，描述其基本的运作逻辑，即“投入—产出”逻辑。但是，系统论的描述性强于其解释性，即便明确了哪些投入的因素经过怎样的运行过程最终产出了规则，也并未将“投入—产出”的关系解释清楚。

后期的多元主义理论进一步加深了对规则的理解。福克斯指出，关注规则或规则的生成过程只是理解了规则的一个面向，而规则最终还要影响人的行为，因此在规则规范下的劳动关系主体的行为与规则的关系也需要被纳入对规则进行研究的体系之中。① 而艾米特也强调，仅仅关心常规的规则不足以理解规则的全貌，要将通过规则引导、影响的主体行为都纳入制度的研究的范畴，才能真正理解规则。② 布朗（William Brown）也指出，在多元主义理论中对非正式的规则，即传统与实践（custom and practice）的关注不足，这也导致在规则的转化逻辑以及非正式规则的描述及其形成的解释等方面缺乏研究。③ 这一观点得到了伯汉纳的回应，他认为规则本身也具备演变的可能性，这种演变一方面体现在规则的生成本身就是一个在充满了规则的环境中发生的过程，另一方面体现在规则的再生产过程（re-institutionalization）包含非正式规则的正式化以及正式规则的再制定过程。④ 可见，多元主义理论在后续的诸多研究中逐步完成了从规则的静态观向动态观的转变。

因此，系统论真正的价值并不在于将本来纷繁复杂的劳动关系系统纳入一个宏大的体系之中进行描述，而是真正将“投入—产出”的逻辑解释清楚，也就是重新对劳动关系系统的运作逻辑提出新的问题，例如，在不同的运作机制中，为什么投入不同的因素，其产出的结果是某种规则，抑或不局限于某种规则？从这个角度来理解劳动关系系统论会让我们意识到描述劳动关系系统易，而解释系统运行的逻辑难。

2. 马克思主义理论的启示与价值

马克思主义理论的价值体现在提供了大量可以从冲突论的角度对工人进行分析的概念工具。如前所述，权力在劳资双方有可能出现矛盾以及已经爆发纠纷的处境中具有重要的解释性作用。在海曼看来，权力可以分为两类：第一类是自主性权力，第二

---

① Hyman, Richard. Industrial relations: A Marxist introduction. London: Macmillan, 1975.

② Emmet, Dorothy. Rules, roles and relations. London: Macmillan, 1966.

③ Brown, William. A consideration of custom and practice. British journal of industrial relations, 1972, 10 (1): 42-61.

④ Bohannan, Paul. The differing realms of the law//Bohannan, P. (eds.). Law and warfere, garden city. New York: the Naturel History Press, 1967: 43-56.

类是施予性权力。① 但是，这只是对权力的形成和权力的应用两个过程进行的简单的切割。实际上，权力这一概念的提出是为了解释劳动关系主体之间发生的互动行为以及这种互动行为的结果，所以，就应该将权力嵌入劳资互动的关系中进行考察，包含对权力的来源、认知、形成、使用，不同主体之间权力对比和权力对决等过程进行分析，这样才能将互动性的全貌呈现出来。②

马克思主义理论中广为应用的就是来自社会学的劳动过程理论，有学者从管理手段、制度环境、劳动力市场环境、社会文化环境等不同类型的因素中找寻构成某种雇主控制雇员劳动过程的因素或机制，来揭示明显和隐秘剥削剩余价值的各种方式。劳动关系研究虽然并未将落脚点置于剥削的问题之上，但也从不同的控制方式中挖掘了劳资之间的权力关系，以揭示劳资之间出现矛盾和争议的原因，以及争议转化、升级或平息背后双方权力变化的逻辑。此外，从劳动关系的视角对权力进行分析也并不局限在工人和雇主之间，其他利益相关主体也应该被纳入分析的对象之中。

第二节　劳动关系视角下的工会理论

一、工会：劳动关系研究的核心问题

劳动关系视角下，对工会的研究并没有形成一个独立的理论体系，而是分布在不同的学科背景之下，通过将不同学科对工会的解释和分析进行融合，逐步形成了劳动关系视阈之下的工会理论。最传统的工会理论实际上秉承了劳动关系制度主义的基本范式，认为工会作为一种工人自发联合形成的力量需要被制度承认。工会制度和集体协商制度的建立成为稳定劳动关系和产业民主的核心手段。这种功能的概括本质上延续了结构功能主义的思想。然而，并非工会成为制度化的产物之后，其就可以完全发挥其应有的功能。工会所处的行业和意识形态都会影响工会主要功能的发挥。在成熟市场经济国家工会的研究中就曾经存在围绕工会到底是注重服务功能还是维权功能、

---

① Hyman，Richard. Industrial relations：A marxist introduction. London：Macmillan，1975.

② 孟泉．力量、力量关系与力量的再生产：分析劳动关系主体行为的核心概念//肖滨．中国政治学年度评论(2018)．北京：商务印书馆，2018.

工会的运动性与制度性等充满张力的问题进行讨论。

政治经济学视角的劳动关系理论认为，工会作为工人的组织需要工人群众的支持，但是当工会过分追求制度化赋予的权利时，其有可能逐步演变为一个官僚化的组织，工会的官僚化也会削弱工会的代表性，进而让工会在劳动关系中无法完全代表工人的利益。

尽管关于工会理论上有诸多争论，但是工会在一个国家能够调节劳动关系的重要性始终未能被忽略。由此，近年来工会的前沿理论研究进入了一个新的发展阶段，即"工会复兴"（union revitalization，union renewal）研究阶段。工会复兴或振兴被定义为"一系列旨在解决与转变工会运动遇到的潜在的问题与困境的尝试"[①]，或者"因为影响力下降而对新环境的创新和适应努力"。工会复兴具有渐进性、持续性和目的性的特征，且受到经济、政治、会员状况、内部制度有效性等多方面因素的影响，即随环境产生动态变化。工会复兴的目的包含多方面的内容，如激活会员的能动性、工会内部民主、改革传统的代表基础，以及工会组织变革和增强制度有效性等。[②]

从实践层面来看，工会复兴既是资本主义国家工会在全球化时代应对衰落趋势的改革目标，也是其将一系列改革措施付诸实施的过程。具体来说，工会复兴包含一系列旨在改善工会组织与会员关系的策略，如扩大服务功能（function）、改善组织（organizing）、改变动员（mobilization）模式等。工会为了能够增强自身的力量，还采取了组建工会联盟、与其他社区组织合作等策略。此外，工会也并未放弃在一定程度上与雇主合作：为了能在新自由主义的环境中获得更多的生存空间，工会也主动探索劳资社会伙伴关系模式等。另外，工会改革的意义不只是对新的策略、新的发展模式的探索与实践，在改革过程中工会所遭遇的困境与挑战更引发了学术界对工会本质的反思、对改革有效性的评估以及对未来发展的讨论。随着讨论的不断深入，围绕着工会复兴逐步形成的当代西方劳动关系学者对工会研究的重要议题，引发热烈的讨论。

西方学界对工会复兴的研究争论主要集中在三个核心问题之中。首先是通过深入分析工会在不同维度中所体现的"二重性"，重新审视工会的本质以及其在改革中所遭遇的困境。其次是通过探讨工会改革过程中其身份、行为、目标等诸因素的关系，来探究工会改革的实践机制与效果。最后是从工会改革的新模式和新策略入手，探讨工会改革创新的可能性与局限性。这三个研究方向的意义在于使学者重新回归"工会

---

① Frege, C. and Kelly, J. . Union revitalization strategies in comparative perspective. European journal of industrial relations, 2003, 9 (1): 368－375.

② Ross, S. . Social unionism and membership participation: What role for union democracy? . Studies in political economy, 2008, 81 (1): 129－157.

的本质是什么”这个基本问题。实际上，自海曼等马克思主义劳动关系学者开始讨论工会的官僚化问题伊始，对工会的本质是什么这个问题的批判与反思就一直存在。① 20世纪80年代之后，当西方工会在现实中面临劳动力市场转型和敌视的政治环境困境的时候，这一问题更加凸显。当工会身处维持传统与发展进步的十字路口时，需要对其改革的目标与方向具有准确的判断，而关于在工会改革的过程中重新评估其与会员和外部环境（如政府、市场、社会组织等）之间的关系，学术界在具体策略和方向上有很大分歧。但无论工会采用何种改革模式或策略，最终都取决于是否可以有效提升或重振其力量（regain power）。因此，有关工会力量、合法性、领导和民主决策等工会的基本问题又被嵌入了“工会复兴”的语境中，使讨论工会复兴的广度、深度和复杂程度加大了。②

二、二重性矛盾：工会复兴的困境

在19世纪到20世纪上半叶，工人运动在西方社会的迅速发展催生了一系列的工会理论，主要包括马克思主义、民主社会主义、社会功能学说等。③ 马克思主义将工会视为开展阶级斗争的主要代表，而民主社会主义，尤其是以韦伯夫妇为代表的社会改良学说则对工会进行了经典的研究，将工会的主要策略、功能和工会民主理论化，这对西方劳动关系理论和实践的整体发展产生了巨大的影响。与马克思主义相反，以康芒斯（Commons）和霍克西（Hoxie）为代表的制度学派将工会视为经济制度的一个代表，认为工会和雇主的集体协商是社会制度的有机组成部分。社会功能学说主要师承社会学的结构功能主义，以张伯伦（Chamberlain）、邓洛普等人为代表，认为工会作为劳动关系体系中的重要一方，需要在与雇主和政府这另外两方的互动中维护劳动关系的整体平衡。

传统上工会的功能被韦伯夫妇定位为组织与代表工人的利益、集体协商、为工人提供罢工基金，而多元主义理论则进一步强调利益团体冲突的客观存在和工作规则的制定过程，使工会的集体协商功能与平衡劳动关系中的利益关系紧密相关。④ 但是，

---

① Hyman, R. . Is there a case for statutory works councils in Britain? //A. McColgan (ed.). The future of labour law. London: Cassell, 1996: 64 - 84.

② MacDonald & Thomas, I. . Towards neoliberal trade unionism: Decline, renewal and transformation in North American labour movements. British journal of industrial relations, 2014, 52 (4): 725 - 752.

③ 冯同庆．劳动关系理论的中国应用及其不足与补救．经济社会体制比较，2012 (5): 14 - 25.

④ Behrens, M. , Hamann, K. & Hurd, R. . Conceptualizing labour union revitalization//C. Frege and J. Kelly (eds.). Varieties of unionism: Strategies for union revitalization in a globalizing economy. Oxford: Oxford University Press, 2004: 11 - 30.

随着工会运动的制度化，这种阐释逐渐无法清晰地反映出更加多样化的工会面貌。20世纪70年代以后，受产业转型、经济全球化、新自由主义和劳动力市场变化的影响，西方的劳工运动受到严重威胁，工会会员率下降，工会力量受到严重挤压、削弱，这引发了对工会危机的思考和对工会复兴可能性的讨论，这时多元主义理论缺乏批判性地应对复杂、冲突状况的弱点也体现出来。[①] 相比之下，马克思主义劳动关系研究聚焦于工会在代表工人的利益方面存在的矛盾，如工会的官僚化造成的工会与会员关系疏远等问题。在世纪交替之际，随着海曼等学者将研究的视野扩展至整个西欧，他们将这种纯粹批判的国际比较视野逐步转向对工会更加理性的反思。海曼提出，市场、阶级和社会成为影响西欧工会发展的三个重要的因素，并影响了三类工会身份与意识形态的形成：商业性工会、抗争性工会和协调性工会。但是在实践中，工会的发展也会跨越了这三个方向，如英国工会的发展跨越了市场与阶级，德国工会的发展跨越了市场与社会，而意大利工会的发展则跨越了社会与阶级。[②]

在对于工会力量如何复兴的思考过程中，海曼通过对上述三个因素对工会行为的影响效果的观察，敏锐地捕捉到了工会在本质上存在二重性的特征，即工会既是劳工运动的产物并具有运动性，也需要兼顾其作为工人代表组织的可持续发展问题，也就是工会的组织性。工会的运动性和组织性之间总是会出现矛盾：一方面，工会在重铸过程中可能过于注重在制度化进程中获得国家和政治上的支持，从而形成社会合作伙伴的身份；但另一方面，这些新措施可能会忽略适应新的劳动关系环境的变化的问题，从而导致会员率进一步大幅度下降，年轻人入会率越来越低已经成为对欧美工会恢复力量最大的挑战。[③] 为了组织的发展，工会越来越依靠国家制度所赋予的权力支持，而工会越是“眼光向上”，越容易造成组织官僚化并趋于采取更加保守的运动策略。这一问题已经引发了大量讨论，焦点就是工会的核心功能到底是组织工人还是服务工人，是倾向于工人运动还是偏重作其他利益相关者的社会合作伙伴。也有学者进一步指出：仅将复兴大业的衡量指标停留在会员率的提升上，使工会成为一个工具性的组织，并没有切中工会复兴的要害。因为最终当劳动关系的环境如商品市场或劳动力市场发生变化时，工会仍旧会面临失去吸引力的危机，所以，让工人获得可持续的在工作场所的博弈力量应该是工会组织工人的主要目标。[④]

---

① Gall, G. & Fiorito, J. . Union commitment and activism in Britain and United States: Searching for synthesis and synergy for renewal. British journal of industrial relations, 2012, 50 (2):189 - 213.

② Hyman, R. . Understanding european trade unionism. London: Sage, 2001.

③ Hodder, A. and Kretsos, L. . Young workers and trade unions: A global view. Palgrave Macmillan: Basingstoke, 2015.

④ Simms, M. & Holgate, J. . Organizing for what? Where is the debate of the politics of organizing? . Work, employment and society, 2010, 24 (1): 157 - 168.

工会的"二重性"问题为分析工会的行为提供了重要的理论框架。从工会的合法性（legitimacy）来看，处于具体劳动关系情境中的工会能够成为工人的代表，既需要工人对其代表组织身份的承认，即具有内部合法性，也需要制度和企业对其的承认，即具有外部合法性。然而，内部合法性与外部合法性之间也存在一定冲突关系：一方面，身在国家与社会体系中的工会为了增强其代表工人身份与功能的持续性，必然要保证其制度化的身份，维持其在企业中被雇主接受的空间，因此这就会造成其在一定程度上成为一种威权的代表。工会对外部合法性的依靠，也体现出国家希望通过对合法代表性的确认，对工会的行为进行规范。一旦工会不受控制，国家有可能以制度的方式替代工会代表工人权益的功能。但是，另一方面，工会对国家和雇主的妥协必定削弱其谈判的力量，进而可能会损害其在会员中的威信并降低会员的认同度，引发内部合法性的减弱。但是，如果工会过分强调排他性，只注重对会员负责而不顾外部环境的变化，也会损害工会的外部合法性，因为工会对抗性过强会导致其遭到雇主甚至国家的抵制。[①] 由于内部合法性和外部合法性之间的冲突，工会想要延续其组织的持续性，就需要选择扮演协调者的角色，并会陷入不断平衡内部合法性和外部合法性的陷阱之中。我国一些根植于企业基层工会的研究也在应用"二重性"理论分析基层工会组织生存和发展的问题。

与内部合法性、外部合法性的逻辑相同，另一些学者从工会力量来源（power resource）的角度对工会的二重性矛盾进行了分析。甘姆布瑞尔-麦考密克（Gumbrell-McCormick）和海曼认为，工会的力量有七类主要来源，前四类为结构性力量（structure power）、结社力量（association power）、组织力量（organizational power）、制度力量（institutional power）。[②] 第一类和第二类就是怀特与席尔瓦提出的结构性力量（由于工人在劳动力市场竞争中的稀缺性或在生产中的战略地位而产生的力量，这可以增强工会的实力），以及结社力量（工会因大量会员加入所具备的集体性力量）。但是，这并不意味着组织力量和结社力量可以被等同，因为组织力量的内涵不限于工会依靠招募会员提升影响力，更凸显了工会与会员之间的互动性及其效果。互动性体现在工会可以动员会员利用所掌握的社会资源，通过内部民主、文化建设等形式将这些资源转化为能够制约雇主的力量。组织力量、结构性力量和结社力量的结合可以被解读为逼迫性力量（coercive power），这是一股工会动员大量会员集体行动，迫使雇主作出妥协

---

① Dufour, C. and Hege, A. . The legitimacy of collective actors and trade union renewal'. Transfer, 2010, 16 (3): 351－367.

② Gumbrell-McComick, R. & Richard. H. . Trade unions in western Europe: Hard times, hard choices. Oxford: Oxford University Press, 2013.

的力量。[①] 组织性和逼迫性相结合正体现了海曼所谓的工会力量自主性和施予性的两面性特征。此外，制度力量也被称为合法性力量，主要是指国家通过对工会身份、功能进行制度化，赋予工会的一种力量，也包括了在工会得到确认之后来源于雇主的力量。因为利益相关者不同，逼迫性力量与合法性力量之间也必定存在冲突，所以如果工会无法协调这两类力量，就会造成本身力量的内部失衡。[②] 由于工会二重性矛盾主要体现在这四类力量来源的关系之中，故后三类补充性力量来源，即话语沟通力量（discursive power）、联合性力量（collaborative power）以及战略性力量（strategic power），此处不作赘述。

尽管工会复兴已经成为西方工会改革的一个核心目标，然而从以上研究中可以看出：由于在内、外部合法性上和平衡各种力量时面临各种复杂的矛盾，实现工会复兴的目标变得更加困难。

三、工会复兴的运行逻辑与策略

工会在复兴过程中的行动要素也被用来构建和分析复兴策略选择的分析框架。霍德和爱德华兹提出：学者已经针对英国工会的改革进行了具体描述并分析了它们的复兴策略，这些研究主要强调工会要加强组织工人，却没有提供一个可以深入理解工会策略选择的分析框架。因此，深受海曼理论研究的启发，霍德与爱德华兹提出了工会复兴的运行逻辑分析框架：因为工会的利益与力量决定了它的身份定位，所以在与会员之间复杂的互动过程中，工会会选择将自己的功能定位为以市场导向为主或者以阶级导向为主，这种选择进一步影响了工会的意识形态是更加偏向激进左派、中间温和派还是保守右派，也就是通过工会对其身份的内化过程而形成的意识形态。而嵌入社会情境之后，工会即可以确定其改革目标，然后工会又会根据在组织内部与会员的互动结果，以及与雇主博弈的需要，并结合与国家互动的要求，来制定其行动策略，并产生结果。[③]

另一些学者则指出，工会复兴更取决于工会是否具备战略能力（strategic capacity），即工会为应对不断变化的资本主义环境而需要具备的反应力。海曼提出，工会的战略

---

① Simms, M & Charlwood, A. . Trade unions: Power and influence in a changed context//T. Colling & M. Terry (eds.). Industrial relations: Theory and practice. 3rd ed. . London: John Wiley & Sons, 2010: 125-148.

② Levesque, C. & Murray, G. . Understanding union power: Resources and capabilities for renewing union capacity. Transfer, 2010, 16 (3): 333-350.

③ Hodder, A. & Edwards, P. . The essence of trade unions: Understanding identity, ideology and purpose. Work, employment and society, 2015, 29 (5): 843-854.

能力包括组织学习的能力、动员社会资本的能力和话语建构的能力，而工会必须不断提升组织核心成员的领导力与工会内部民主程度才能改善战略能力。[①] 莱维斯克和马瑞提出，工会需要具备动员各种资源的能力，如人力资源/内部团结、物质资源、网络资源/外部团结、叙事资源（narrative resources）等，因为动员各种资源的能力也是战略能力的具体表现。不仅如此，工会的战略能力还包括提升其构建工人意识框架的能力，进而在动员工人参与行动的时候，能够得到最大限度的响应和参与。当然，这需要会员能感知到工会的行动纲领是能够真正解决问题的，而可以预见的行动结果具有激励作用。

根据霍德和爱德华兹构建的工会行动分析框架，工会复兴的行动中至少包含身份定位（identity）、意识形态（ideology）、行动目标（purpose）和战略能力四个要素，前两个要素是基础。但是，对于工会复兴是否要完全符合身份定位和意识形态先决于行动目标和战略能力这个逻辑，理论界也有不同的声音，例如，培根和布里顿的研究发现：当工作场所发生结构性变动时，工会行动的方向更多取决于具体的目标和劳资关系情景，而受其合作伙伴或对抗性组织的身份以及意识形态的影响有限。工会是选取激进组织型改革还是温和服务型改革，取决于工会会员的普遍认同，更和工会领导层的决心、能力和整体判断息息相关。因此，工会针对具体问题也会采用不一样的行动策略，与资方合作还是对抗，往往兼而有之。

从对工会复兴运动的讨论来看，学术界已经试图深入研究工会复兴运动的分析框架，明确这一框架所包含的关键要素，并试图构建出各个要素之间的逻辑关系。但是，提炼出这些要素仍旧要基于对工会复兴运动的具体实践进行深入研究。同时，随着复兴口号的提出，工会也开始寻求通过建立工会联盟、与社区组织合作、借助先进科技等手段，改变力量下滑的态势。

弗莱格与凯利总结了工会复兴的六个主要策略：第一是通过招募和保留会员以及提高工会的动员能力来提升工会的组织功能；第二是通过外部合并与内部重组实现组织变革；第三是与其他运动组织建立联合关系；第四和第五是与雇主和政府建立合作伙伴关系，以及对政党与政府施加影响；第六是与他国工会建立国际联盟关系。本书认为，这六个策略可以被概括为组织（organizing）、借力（using forces）与妥协（compromise）。[②] 由于工会具有的官僚化、脱离会员、缺乏民主决策等问题，工会已经过于依赖制度资源，重服务功能而轻组织功能。因此，依靠组织路线，强调团结和动员成为工会复兴的主要策略。工会组织变革、与社区组织合作、建立国际联盟关

---

① Hyman, R. . Union renewal: A view from Europe. Labor History, 2004, 45 (3): 333 - 382.

② Frege, C. and Kelly, J. . Union revitalization strategies in comparative perspective. European journal of industrial relations, 2003, 9 (1): 368 - 375.

系、对政党施加影响等策略，都是以借力的方式来增强工会的力量来源。而与雇主和政府建立合作伙伴的关系则是在新自由主义盛行的时代，工会不得不采取的以妥协的方式来应对其影响式微危机的方式。下文将分别对这三类策略的核心问题进行分析。

首先，对于工会如何提升组织能力的问题，学者开出了诸多不同的药方。例如，海曼等学者提出工会的战略能力构建，包括提高工会主席的领导能力，加强工会组织的学习能力，激发工会会员参与工会活动的积极性，改善工会动员社会资本的能力等。总体来说，这些研究的共识是期望通过加强内部民主建设来推动工会去官僚化，通过强化工会干部的能力来提升工会战略，本质上都是对工会组织自身创造力量的能力进行改革。

其次，工会的借力策略实际上也是为了争取更多的外部资源来充实自身的力量。但是，工会在借力的过程中仍旧会面临诸多限制，比如在建立国际联盟关系时，不同国家和地区的工会在意识形态、身份定位等方面存在差异，不一定能把国际联盟真正转化为支持工会复兴的力量来源。而工会试图对政府与政党施加的影响也非常有限，特别是近年来，欧洲工会传统上与社会民主党派之间的紧密关系开始疏离，很多工会开始寻求与其他党派合作的可行性。另外，工会试图通过兼并重组变得更为强大，且能够适应外部环境的变化，但是，通过整合建立的区域性辐射不同行业的工会联合会虽然能够在一定程度上保护灵活雇佣给工人带来的不利影响，却也会引发和一些行业性工会联合会之间的矛盾，即“工会竞争”（union competition）的传统矛盾。工会与其他社会组织，特别是社区组织的合作，能帮助工会开辟组织建设与会员动员的新场域，可谓工会借力策略的一种创新。工会可以通过社区动员，招募更多尚未被纳入工会的工人；也可团结更多移民工人和灵活就业人员；还可以利用社区有关人权、环保方面的压力来向企业施压。但是，这些效果在多大程度上能够实现还取决于工会与社区组织联盟的持续性和协调性。所谓持续性就是指工会能否培育和发展与社区组织长期的关系，及其发起的联合行动的影响力。协调性则表现在双方利益、目标和工作关系的协调之上。在工会与社区组织合作的实践中，工会往往因为可用的资源不足和对社区化的组织方式不认同，而与社区组织出现冲突，或者缺乏能够协调双方关系的关键人物等因素，影响借力的效果。[①] 由此可见，工会无论通过何种途径向外部借力，都会存在潜在的不稳定因素。

最后，工会复兴的第三种策略就是妥协，也就在淡化抗争、保证会员利益的前提下，寻求劳资双方建立合作伙伴关系的可能性。这一策略及其效果，也是西方学界争议较为集中的领域。多元主义学派基本上将劳资合作伙伴关系定位成工会在工作场所

---

① Holgate, J. . Community organizing in the UK: A “new” approach for trade union? . Economic and industrial democracy, 2015, 36 (3): 431 - 455.

重获话语权，且重新争取国家赋予的制度空间的一种策略。工会与雇主建立合作伙伴关系也可以解决工会维权范围狭窄与工人多元化诉求越来越不匹配的问题。但是在批评者看来，劳资合作伙伴关系并不是工会代表工人权益的新方向，反而使工会成为企业管理员工的一种机制，进而使工人反抗的可能性变小。这说明当其力量衰退到一定地步时，工会只能选择进一步妥协的方式，维持一种咨询型而不是对抗型的工会主义。当然，还有一些较为中立的观点，对工会的劳资合作伙伴策略作了更加温和的分析，认为工会需要合作伙伴关系，本质上并不是为了增加其维护工人权益的手段，而主要是为了恢复或延续工会在企业中能够代表工人的合法性地位。[①] 但是海曼质疑说，这并非一个新的问题，因为现实中极少出现工会希望雇主破产的现象，而工会应该发挥有效的代表作用，这种行动理念具有冲突性与包容性并存的特质。可见，在资本主义生产存续的条件下，工会很难摆脱妥协性的基本特征，只是对妥协的程度可以根据具体的劳动关系环境来调整。

第三节　劳动关系视角下我国工会理论与其进展

中国工会理论是随着中国工人运动的发展和马克思主义在中国的传播而逐步形成的。它是对中国工人运动实践经验的理论总结，也是对马克思主义工会理论的中国化创新与发展。

中国工会理论主要包括以下几个方面的内容：

工会的性质和特点是，中国工会是工人阶级的群众组织，具有阶级性和群众性的辩证统一。工会工作是党的群众工作的重要组成部分，但工会不是党务部门，也不是行政的附属机构。工会只有从自身的性质和特点出发，依照法律和工会章程创造性地开展工作，才能真正发挥桥梁、纽带的作用。中国工会要坚持以科学的理论为指导，注重在工人运动中坚持和发展马克思主义。中国工会工作要始终坚持以人民为中心的发展思想，把维护职工权益作为首要任务，推动构建和谐劳动关系。工会是我国党领导下的群团组织，工会与党的关系非常密切，中国工会自觉接受党的领导，独立自主地开展工作。工会与党的关系处理得好，工会运动就会蓬勃发展；反之，工会工作就

① Terry, M. . Can partnership reverse the decline of British trade unions? . Work, employment and society, 2003, 17 (3): 456-472.

没有起色，党的事业就会受到损害。因此，工会要始终坚持党的领导，加强党的建设，提高工会组织的凝聚力和战斗力。

中国工会的工作目标是推动社会主义经济建设、政治建设、文化建设、社会建设和生态文明建设全面发展。其具体任务包括维护职工权益、推动企业发展、促进社会和谐稳定等。在新时代，中国工会理论将继续发展创新，不断适应新时代的要求和挑战。中国工会将坚持以习近平新时代中国特色社会主义思想为指导，深入贯彻党的群团工作会议精神，加强工会自身建设，推动工会工作创新发展，为实现中华民族伟大复兴的中国梦作出更大贡献。

在改革开放初期，学者从劳动关系学、法学、社会学、政治学、经济学等不同学科的视角对工会进行了深入的研究，并对工会如何实现代表性的问题进行了从理论到实践的反思。大量研究集中讨论了工会代表性的局限问题，涉及工会的组织建设、民主管理机制、集体协商机制等议题。但是，这个阶段的研究在理论视角上略有偏颇，基本上是以成熟市场经济国家工会理论作为基本标准来解释我国工会的问题，缺乏对本土问题特殊情境的关注，也缺乏从历史的角度对社会主义国家工会和资本主义国家工会的渊源进行区分。因此，工会研究也在不断深化的本土经验研究中发生了转变。

近年来针对我国工会的研究出现了两种新的视角转向。一是我国企业工会在多大程度上能够发挥协调劳动关系的作用。越来越多的学术研究产生了“工会为什么是这样”的问题意识，而批判性的研究也在企业工会可以一定程度上代表工人权益的前提之下，分析企业工会代表性的局限。① 另一些研究从管理学的角度探究了工会选举对工会承诺的影响，并提出了工会不同程度的改革对工人心理变化的影响。② 这反映出近年来我国工会研究趋向微观化和本土化。但是，这些研究仍旧是围绕工会与工人之间的关系变化，讨论工会在多大程度上通过有效的改革策略和推动劳资互动、对话、博弈的机制来增强其代表性，进而改善工会与工人之间的关系，这恰好契合了党中央对工会改革提出的“强三性、去四化”中增强群众性的要求。③

二是从企业工会组织生存和发展的问题入手，强调工会自身的主观能动性，考察工会在推动集体协商、协调劳资关系等过程中对组织目标的定位和影响。例如孟泉在对 DLDA 区工会推进集体协商的研究中，首先提出了工会在执行制度的过程中要根据企业内部劳动关系的具体状况进行决策，采用更加灵活的策略来维持雇主包容企业

---

① Kuruvilla, S. , & Zhang, H. . Labor unrest and incipient collective bargaining in China. Management and organization review, 2016, 12 (1): 159 - 187.

② 周恋，刘明巍，杨涛，等．基于心理联系视角的员工工会承诺多层次影响机制研究．中国人力资源开发，2018 (1): 147 - 155.

③ 刘丽红．加强群众性：我国工会改革研究的理论视角与问题意识．中国人力资源开发，2018 (5): 143 - 155.

工会和工会运行的稳定性。[①] 武雅彤和王晶的研究进一步解释了在工会的组织生存成为其核心目标的情况下，在合法性与有效性之间找到平衡就成为工会改革的基本逻辑。[②] 诚然，这些研究揭示了企业工会改革行为的动力机制除包括其他主体行为的驱动之外，还有企业工会的主动性，而企业工会的主动性成为工会改革的目标定位和决策中的核心影响因素。

企业工会的改革动力除来自政府和上级工会自上而下的推动、劳资冲突的"倒逼效应"和劳动力市场的不稳定性等因素之外，还有企业工会自身的主动作为。[③] 张璐和杨涛提出了对企业工会分析的视角应该从以国家为中心的结构性视角转向考察工会的能动性。受劳工地理学研究中"受限的能动性"这一概念的启发，他们提出有必要在工会改革中考察企业工会的能动性，工会的能动性是指在现有的国家制度和政治因素的限制下基层/企业工会的主动创新、积极努力、策略选择和能力建设等，且企业工会通过不断地拓展现有体制下的运作空间，来实现更好的劳动条件和保障工人利益。企业工会具备能动性决定了企业工会在工会选举、集体协商和区域性或行业性的工会联合会中获得了可以突破的空间，进而帮助工人改善了劳动条件和物质利益。[④]

本章小结

劳动关系理论中多元主义理论和马克思主义理论中都包含了对工会的关注和分析。工会研究在一元主义理论、多元主义理论和马克思主义理论之后，逐步聚焦到工会自身的组织生存研究之上。结合工会的现实变化，关于工会的理论研究开始围绕工会复兴展开，是当前国际上对工会有效性与合法性平衡逻辑的本质呈现。我国工会理论更多的是对工会身份、角色、职能的阐述；针对我国工会的理论研究基本上都是围绕工会与其他劳动关系的主体，以及工会组织自身的生存和发展两个路径展开的。劳动关系视角下的工会理论为中国工会的理论研究提供了丰富的学术参照，并且为中国工会的理论研究奠定了基石。随着中国学者对中国工会的中国特色的理解愈加深入，也形成了以主体关系、组织发展、行为策略等为主题的研究成果。

---

① 沈原．清华社会学评论：第 6 辑．北京：社会科学文献出版社，2013：238 - 257.

② 武雅彤，王晶．企业工会改革的可能性与局限性：基于组织有效性与合法性关系的考察．中国人力资源开发，2017 (7)：149 - 159.

③ 闻效仪．从"国家主导"到多元推动：集体协商的新趋势及其类型学．社会学研究，2017 (2)：32 - 28 - 50,242 - 243.

④ Zhang，L.，& Yang，T.．Workers' activism and enterprise union reform in China：A case study of grass-roots union agency in the auto parts industry. Development and change，2020.

主要术语

1. 一元主义理论：基本假设是承认雇主与雇员的利益是一体的，出现任何劳资矛盾或纠纷都属于非正常且病态的现象，反映出管理出现了问题。那么，解决问题的方式就是改善管理方式。

2. 多元主义理论：基本假设上与一元主义理论完全相反。多元主义理论并不回避劳动关系中劳资之间的矛盾，认为劳资之间的矛盾是无法避免的，但是矛盾可以通过制度化的手段解决。① 因此，这个基本假设也决定了多元主义理论一直受到制度主义的影响，并试图通过搭建一个劳动关系系统来描述劳动关系的全景。这种理论建构的传统被不同的学者称为“规则中心论”或者基于“结构功能主义”或“经验主义”的劳动关系理论。②

阅读文献

1. 冯同庆．劳动关系理论的中国应用及其不足与补救．经济社会体制比较，2012.

2. Hodder，A. & Edwards，P.．The essence of trade unions：Understanding identity，ideology and purpose. Work，employment and society，2015，29（5）.

3. 孟泉．劳动关系经典理论研究．北京：中国工人出版社，2021.

4. 刘丽红．加强群众性：我国工会改革的理论视角与问题意识．中国人力资源开发，2016.

复习思考题

1. 劳动关系视角下工会理论包含哪些内容？
2. 组织视角下的工会理论的主要内容是什么？如何解释我国基层工会的行为？
3. 如何理解工会的“二重性”矛盾？
4. 请简述我国工会研究的不同视角。
5. 如何理解不同理论视角下工会角色和行为策略的区别？
6. 工会复兴理论对分析我国工会在构建和谐劳动关系中的作用是什么？

---

① Fox，Alan. Industrial sociology and industrial relations. Royal Commission on Trade Unions and Employers' Associations，research paper 3. London：H. M. S. O.，1966：1－59.

② 孟泉．从中心论到互构论：构建基于核心概念的劳动关系分析框架．中国人力资源开发，2018（5）：134－142.

第三章

劳动关系视角下的中国特色工会理论

学习目的与要求

1. 充分掌握我国劳动关系变化的特征。
2. 理解劳动关系的变化对工会的影响。
3. 了解工会理论发展的新方向。

课前预习题

1. 什么是中国特色和谐劳动关系？
2. 我国工会的中国特色体现在哪些方面？
3. 我国工会理论创新的方向是什么？

引导案例

案例一：凉山工会“诉”“调”结合保护新业态劳动者权益[①]

在凉山州，肖某入职某置业公司后，因家庭原因申请丧假，但公司单方面解除了与他的劳动合同，并且未支付相应的经济补偿。肖某认为公司违反了《劳动法》和

① 案例来源：四川省凉山彝族自治州人民政府官网。

《劳动合同法》的相关规定，遂向凉山州总工会申请法律援助。凉山州总工会积极介入，指派法律援助律师全程跟进此案，并协调一审诉讼。最终，肖某在工会的帮助下胜诉，并成功获得了违法解除劳动合同的赔偿金。

案例二：沈阳市皇姑区人民法院处理新业态劳动者劳动争议①

在沈阳市皇姑区，法院受理了多起新业态劳动争议案件，涉及快递、直播、物流、外卖等行业。在这些案件中，法院积极与工会、人社局等部门协作，通过调解、诉讼等方式解决劳动争议。例如，在一起主播讨薪纠纷中，法院与被告公司沟通后，促使双方达成调解协议，原告成功获得了工资等补偿。

案例三：中华全国总工会发布的新就业形态劳动者劳动关系确认争议典型案例②

中华全国总工会发布的新就业形态劳动者劳动关系确认争议典型案例中，也包含了一些工会维护新就业形态劳动者权益的案例。例如，外卖配送员刘某与某配送中心之间的劳动关系确认争议案中，刘某在派送途中因交通事故受伤，要求认定工伤。该配送中心否认存在劳动关系。但经过仲裁和法院审理，最终认定双方存在劳动关系。在这个过程中，工会积极为刘某提供法律援助和支持，帮助他维护自己的合法权益。

随着市场经济的不断深化发展，我国工会也在不断调整自身的职能定位，2021年修正的《工会法》将工会的基本职责定位在“维护职工合法权益、竭诚为职工服务”之上。这实际上反映了工会经典理论中一直以来探讨的核心问题，即对于工会来说，服务是维权的基础，还是维权是服务的基础。从我国工会的实践来看，我国工会的维权和服务功能是互为支撑的关系。工会如果不服务职工，就无法形成职工群众基础；而如果不维护职工的合法权益，其也很难获得职工真正的认同。

我国工会在发展过程中形成了与传统发达市场经济国家工会，以及社会主义国家计划经济时期的工会颇为不同的模式，谓之中国特色社会主义工会道路。中国工会在这一道路上不断积累实践经验，也逐步形成了具有中国特色的工会理论。这一理论包含的内容非常丰富，从劳动关系的角度来看，具有中国特色的工会理论围绕工会如何推动和构建和谐劳动关系这一核心问题，从不同的层面和角度进行展开。本章涵盖构建中国特色和谐劳动关系的基本理念、工会的主要作用以及中国特色和谐劳动关系理论发展方向等基本内容。

---

① 案例来源：《法治日报》，2025-02-25。

② 案例来源：《劳动报》，2021-12-02。

第一节 构建中国特色和谐劳动关系的基本理念

党的十九大报告指出，要“完善政府、工会、企业共同参与的协商协调机制，构建和谐劳动关系”。构建中国特色和谐劳动关系是在党委领导下，政府、工会、企业和劳动者共建共治共享的社会治理过程。

2015 年 3 月，中共中央和国务院印发了《关于构建和谐劳动关系的意见》（以下简称《意见》），在总结近 10 年来构建和谐劳动关系的有益探索和改革经验的基础上，首次提出了构建中国特色和谐劳动关系的理念，并提出了四大目标：规范有序、公正合理、互利共赢、和谐稳定。由此，我们可以看出，构建和谐劳动关系的基本理念主要体现在以下三个方面：

第一，建立社会主义价值理念。

劳、资、政三方主体拥有怎样的价值理念，一直是劳动关系研究最为核心的主题之一。共享的价值理念是约束三方主体行动的最基本规范，也是劳动关系制度建立的基础。构建和谐劳动关系，同样需要明确劳动关系运行的价值理念。在构建整个和谐劳动关系的过程中，我们可以看出，党和政府一直要求坚持社会主义意识形态。构建和谐劳动关系，是坚持中国特色社会主义道路、贯彻中国特色社会主义理论体系、完善中国特色社会主义制度的重要组成部分。

所以，社会主义意识形态是构建和谐劳动关系的指导思想和基本价值理念。在和谐劳动关系的制度建设与实践运行中，坚持党的领导、社会主义市场经济和社会主义民主政治等政治理念是最基本的价值理念。具体来说，构建和谐劳动关系中的社会主义意识形态体现在三个方面：一是党的领导。不论是构建和谐社会还是构建和谐劳动关系，党要总揽全局。二是社会主义市场经济。中国特色和谐劳动关系的构建，是在社会主义市场经济当中运行的，所以，公有制为主体、多种所有制经济共同发展的基本经济制度，适应市场经济要求的现代企业制度，按劳分配为主体、兼顾效率与公平的收入分配制度，政府经济调节与市场监管相统一，这些社会主义市场经济的特征是构建和谐劳动关系的基础。三是以人为本的基本价值理念。中国是社会主义国家，在构建和谐劳动关系过程中，党和政府要求坚持的基本原则是以人为本，即把解决广大职工最关心、最直接、最现实的利益问题，切实维护其根本权益，作为构建和谐劳动关系的根本出发点和落脚点。

第二，兼顾经济发展与社会公平。

目前我国经济发展进入新常态，整体经济增速放缓，经济结构调整加快。经济发展面临的新矛盾和新问题，也使和谐劳动关系建设面临新形势和新调整：随着经济结构调整的深入，一些粗放型、低效益、高能耗的企业需要被关停并转，一些工作岗位将被调整，部分劳动者面临转岗再就业问题；随着经济结构转型升级，劳动就业转移、分化，会拉大不同群体收入的差距，在一定程度上增强一些人的不公平感；随着创新驱动发展战略的实施，新行业快速发展，新业态快速出现，劳动关系更加复杂多样。所以，整个劳动关系领域矛盾较为突出，群体性事件也时有发生。

在经济发展新常态下，保持经济发展与社会稳定之间的平衡，是构建和谐劳动关系的一个重要价值理念。所以在和谐劳动关系建设中，要通过制度建设和具体措施实施来促进双方的发展。要优化企业发展的环境，同时也要不断加强对劳动者权益的保护。构建中国特色和谐劳动关系要不断完善“劳企两利”的劳动关系政策和制度，通过加强劳动关系双方的合作、协商、协调，依法调处来预防、化解矛盾，以此达到经济发展和社会稳定的平衡。

第三，企业发展与劳动者权益保护的均衡。

如何协调和统筹促进企业发展与维护劳动者权益之间的关系，是构建中国和谐劳动关系的一项重要工作原则。对于企业和劳动者之间的关系，党和政府设定了基本的价值理念，即劳动关系双方在根本利益上是一致的，劳动关系领域存在的一些矛盾，是在根本利益一致基础上的具体利益差别的矛盾，属于人民内部矛盾。但是目前中国企业数量众多，不同所有制企业、不同规模企业以及不同用工方式并存，直接决定了劳动关系的多样性，同时也使劳动关系双方的关系较为复杂。

特别是近年来，随着法治建设的不断进步，劳动者的诉求日益多元化，劳动者的维权意识逐步增强。劳动者不仅关注法定权益的实现，而且要求增加工资和改善劳动条件、共享发展成果的愿望更加强烈，权利诉求和利益诉求同时出现。所以，如何实现促进企业发展和维护劳动者多元化诉求之间的平衡，就成为构建和谐劳动关系要解决的一系列制度设计和具体措施实施的问题。

第二节　工会在构建中国特色和谐劳动关系中的作用

劳动关系是否和谐事关广大职工和企业的切身利益，事关经济发展与社会和谐，是推进和创新社会治理的重要内容。在 2011 年 8 月召开的全国构建和谐劳动关系先进表彰暨经验交流会上，习近平代表党中央发表重要讲话，深刻阐述了构建和谐劳动关系的重大意义，对这项工作进行了部署。党的十八大、十九大、二十大报告也都强调了健全劳动标准，完善协商协调机制，加强劳动保障监察和争议调解仲裁，构建和谐劳动关系等方面的内容。在 2015 年 4 月 28 日庆祝“五一”国际劳动节暨表彰全国劳动模范和先进工作者大会上，习近平强调指出：“要最大限度增加和谐因素、最大限度减少不和谐因素，构建和发展和谐劳动关系，促进社会和谐。”① 习近平还多次强调，要推动发展和谐劳动关系，代表职工群众主动参与立法和政策制定，从制度上源头上保障职工群众利益、发展职工群众利益。这些重要论述，明确了工会在构建和谐劳动关系中的职责，是构建和谐劳动关系工作的根本遵循。这些重要论述，既凸显了当前我国构建和谐劳动关系的重要性，也暗示了工会在和谐劳动关系构建中需要发挥应有的作用。

工会在构建和谐劳动关系中的作用可以被概括为三个方面：创新社会治理机制、完善协商协调机制、坚持维权维稳相统一。

首先，一些国家的发展经验表明，经济发展的中后期阶段，往往是包括劳动关系矛盾在内的各种经济社会矛盾集中多发的时期。我国现在处于战略机遇期、改革关键期、矛盾多发期，必须下大力气发展和谐劳动关系，保持社会和谐。在社会主义市场经济条件下，劳动关系双方具有利益的根本一致性，但双方因利益发生矛盾也是普遍的、经常的，有时甚至是激烈的、尖锐的。工会要适应劳动关系变化新趋势，立足于共建共治共享的社会治理新格局，把推动构建中国特色和谐劳动关系作为工作主线，贯彻落实中共中央、国务院印发的《关于构建和谐劳动关系的意见》，积极代表职工参与劳动关系协调，及时化解劳动关系领域的矛盾和纠纷，组织动员职工积极参与社会治理，构建企业与职工命运共同体，维护职工队伍团结统一与社会和谐稳定，在完善社会治理体制与提高社会治理水平中发挥工会组织应有的作用。

其次，法治是工会参与协调劳动关系、维护职工权益的可靠保障。职工权益的实现和保障，主要是在劳动关系的建立、运行、监督、调处的过程中体现出来的。对工会组织而言，维护职工权益与协调劳动关系是一体两面的工作，要维护职工权益就必须协调劳动关系，这是工会必须突出的工作主线。

近年来，随着《劳动法》《工会法》《劳动合同法》《就业促进法》《社会保险法》等法律的制定、修改，协调劳动关系、维护职工权益的主要法律制度已经基本建立起来。但仍然有一些关于集体合同、民主管理等的法律制度有待建立和完善，现行劳动

---

① 人民网，2015-04-29.

法律中仍然有不细密、不周延的地方。各级工会要适应全面依法治国的要求，代表职工主动参与劳动立法和政策制定，推动涉及职工切身利益的法律、法规、政策的制定和修改，主动参与执法检查和法律事实的监督，从制度上源头上保障职工群众利益。要健全政府和工会联席（联系）会议制度，做实省、市、县三级的协调劳动关系三方机制，并向乡镇（街道）、经济开发区、高新技术园区延伸。健全以职工代表大会为基本形式的企业事业单位民主管理制度体系，进一步向非公有制企业拓展。深化企业民主管理制度，推进职工代表大会、厂务公开制度化、规范化，完善职工董事和职工监事制度，推进职工代表素质提升工作，提高企事业单位民主管理工作的覆盖面和实效性。推动企事业单位构建内部利益矛盾自主调处机制，把职工代表大会制度、集体协商制度、职工董事和职工监事制度等融入企业的法人治理结构。突出抓好劳动合同、集体合同等关键环节，通过制度化、机制化手段协调劳动关系、维护职工权益。要更加主动地站在协调劳动关系的第一线，帮助和指导职工签订劳动合同，建立健全平等协商签订集体合同制度，与政府劳动保障监察部门密切协调配合，完善工会劳动法律监督“两书”制度①，督促企业依法用工、守法经营、履行社会责任。

最后，实现维权与维稳之间的协调统一也是工会的核心职能之一。维权是维稳的基础，维稳的本质是维权。要认真贯彻落实总体国家安全观，增强政治敏锐性和政治鉴别力，坚持底线思维，增强忧患意识，坚持维权与维稳相统一，坚持预防与化解相统一，提高监测预警能力，强化风险应对，及时化解劳动关系矛盾纠纷。培育、孵化工会主导的社会组织，加强对劳动关系领域社会组织的政治引领、示范带动和联系服务，通过项目合作、购买服务等社会化、市场化方式，引导社会组织为职工提供专业化服务。总结推广源头治理劳动纠纷经验，建立健全工会、法院、人社、司法联动机制，健全工会劳动关系发展态势监测和分析研判制度，推动建立在线解决机制。积极推动劳动争议处理工作，通过协商、调解、仲裁、诉讼等方式依法调处劳动关系矛盾纠纷。加强劳动关系领域风险化解、排查化解、应急处置，对于发现的侵害职工权益的问题，要及时制止、批评，推动和协调有关方面解决，将问题和风险隐患化解在基层一线、消除在萌芽状态。

---

① “两书”制度，是指工会劳动法律监督意见书制度和工会劳动法律监督建议书制度，就是指工会在发现用人单位违反劳动法律法规、侵犯职工合法权益的时候，向用人单位提出书面意见，要求它们进行改正，在一定的时间内，如果用人单位不改正，工会就可以向劳动行政部门提交建议书，建议劳动行政部门依照法律的规定进行查处。

第三节　劳动关系新变化与中国特色工会理论的发展方向

一、我国劳动关系的新变化

近年来，随着科学技术的进步与发展，产业转型升级不断加快，国内经济、社会环境都发生了深刻的变化。一是灵活用工模式兴起。随着数字经济的快速发展，越来越多的企业开始采用灵活用工模式，如劳务派遣、临时工、兼职等。灵活用工模式使企业能够根据业务需要快速调整人力资源配置，同时也为劳动者提供了更多的就业机会。然而，这种模式的兴起也带来了一些问题，如劳动关系模糊、劳动者权益保障不足等。二是互联网平台中的劳动关系问题产生。随着互联网平台的快速发展，越来越多的劳动者在互联网平台工作。然而，由于互联网平台中的劳动关系与传统企业中的劳动关系存在差异，如何保障这些劳动者的权益成为一个新的问题。目前，国家正在加强对互联网平台的监管和规范，以维护劳动者的合法权益。三是人工智能导致劳动力迭代问题。随着人工成本的上涨和人工智能生产效率与安全性的提升，劳动密集型企业开始纷纷引入人工智能、信息化和高度自动化的设备，大幅减少了用工的数量，于是过往劳动关系所引发的劳动争议风险也不断降低。

二、劳动关系治理的新变化

近年来，伴随着我国经济发展方式、产业结构、技术体系等的不断发展，我国劳动关系呈现新的发展趋势。特别是随着数字经济和互联网技术的快速发展，平台经济、零工经济、共享经济成为促进国内经济大循环的重要领域之一。这也是新时期我国劳动力市场的重要变化之一。贯彻新发展理念、构建新发展格局、转变经济发展方式，促进经济从高速增长向高质量发展转变，创新中国特色和谐劳动关系运行机制，是当前中国劳动关系研究的重要议题。

新发展格局下中国劳动关系治理与调整的研究，主要包括劳动关系治理与调整的背景分析和策略趋势分析两个方面。有学者认为，“十四五”规划中涉及了一些新发展格局构建的具体路径，构建新发展格局需要畅通国内大循环，而畅通国内大循环的根本在于扩大内需，形成强大国内市场。[①] 新发展格局强调要健全与经济发展水平相适应的收入分配、社会保障和公共服务制度。通过健全工资决定、合理增长和支付保障机制，完善最低工资标准和工资指导线形成机制，积极推行工资集体协商制度等方式，提高劳动报酬在初次分配中的比重，发挥消费在经济发展中的重要作用，形成强大的国内市场。在改革开放后的相当一段时间内，我国发挥劳动力等要素的低成本优势，充分利用国际分工机会，推动了经济高速发展。伴随着我国生产体系和供需结构发生的变化，需要充分发挥创新驱动作用，不断提高供给质量和水平，推动高质量发展。新发展格局下构建中国特色劳动关系调整机制具有扩大国内内需、加强和创新社会治理、壮大实体经济三个出发点，维护和发展好劳动者利益、大力推动集体协商、健全劳动关系矛盾纠纷多元预防调处化解综合机制三个重点。[②]

新就业形态劳动者权益维护是当前理论界关注的关于职工权益维护的热点和重点问题，理论界的研究主要包括三个方面的内容：其一，从劳资关系入手，争论的焦点集中在平台算法控制与自由的问题。依托劳动过程理论的大量社会学研究认为，平台经济的本质仍是剩余价值生产被掩盖与控制劳动的过程[③]，技术、主体以及意识形态等各个维度都被考虑在内。但是，另一些学者从人力资源管理理论的视角认为，平台所做的工作是将劳动力资源整合到一起以回应市场需求。由此可见，平台方、需求方、劳动者实质上构成了一个管理生态系统，平台劳动者具有较强的自主性，其可以自由出入平台。[④] 其二，部分研究对人性化的劳动管理问题也产生了争论。部分学者认为：即使劳动者在工作过程中享有高度自主性，但算法控制系统会对工作过程的末尾进行监管。平台算法管理虽然不针对雇员与雇主之间关系的维持，但是它对平台劳动者的工作效率提出了极高的要求。并且，平台劳动者频发交通事故、缺乏社会保障、缺乏沟通交流机制等都说明，管理从一种人性化的沟通行为变为去人性化的算法监测。[⑤] 另一些研究则显示，平台就业规模之所以在近几年得到迅猛扩张，不仅因为其依托了高效率的互联网技术，也因为这种就业模式在很大程度上迎合了劳动者的工作偏好。其三，劳动法律研究中也出现了观点的交锋。现有的劳动立法并没有囊括平台用工模式下的劳动者，平台的快速发展冲击了劳动立法。部分学者论述了从属性的

---

① 闻效仪．正确认识和把握共享经济对劳动关系的影响．工会博览，2018（4）：22－23.

② 闻效仪．正确认识和把握共享经济对劳动关系的影响．工会博览，2018（4）：22－23.

③ 陈龙．游戏、权力分配与技术：平台企业管理策略研究：以某外卖平台的骑手管理为例．中国人力资源开发，2020（4）：113－124.

④ 詹婧，李玉茹，孟续铎．年轻人为何宁愿送外卖也不想去工厂?：我国新生代制造业工人全面薪酬体系指标研究．北京劳动保障职业学院学报，2019（1）：20－25，51.

⑤ Aloisi，A．. Commoditized workers：Case study research on labor law issues arising from a set of “on-demand/gig economy” platforms. Comparative labor law and policy journal，2016（3）：620－653.

问题，认为平台经济应回归劳动关系的认定。[①] 另一些学者则认为，在有关劳动合法性的裁量上，需要对平台和劳动者之间的利益进行平衡，应该在坚持从属性的前提下，对平台实际用工进行不同性质的区分，对于完全具有传统用工特点的专职劳动者，应该认定其与平台之间的关系构成劳动关系。此外，一些较为中立的学者还提出，应构建“从属性劳动—经营性劳动—独立性劳动”三分法体系，在民法的基础上解释，同时根据经济从属性的特征增加强制性保障措施。[②]

三、劳动关系变化中的工会理论发展新方向

基于劳动关系的新变化，劳动关系视角下的中国特色工会理论的构建具有重要意义：一是填补了我国改革开放以来的工会研究较为缺乏系统化的理论分析框架，二是进一步推动了我国工会研究的可持续性。工会以及围绕工会的各类议题的研究曾经成为劳动关系研究中的核心议题之一。在以欧美理论脉络为主的劳动关系研究主流领域，工会研究经久不息，并形成了一系列的概念和分析框架。而我国的工会研究一直以来分为两条基本路径：一条路径是以工会体制和制度为基本理论脉络。这类研究主要论述了我国工会的定义、性质、角色、功能等基本问题，并主要围绕工会的政策和法律来进行论述。这类研究所采用的方式较为传统，并且原则性有余，主要以传统的马克思主义理论作为支撑。因此，这类研究可以被概括为“从工会到工会”的研究，虽然回答了一些基本问题，却仍旧缺乏分析性的理论工具。另一条路径则是从我国工会的不同层面入手，试图探索能够解释工会组织特色发展路径的理论框架。这类研究更加学理化，且学术性更强，研究者积极地与过往的经典理论对话，试图从不同学科的经典理论中找到工会的一般性与特殊性。这些研究为中国特色工会理论的研究提供了丰厚的学术基础与实践经验。

总体来说，中国特色工会理论可以分为四个基本部分：中国特色工会理论的问题意识；中国特色工会理论的分析层面；中国特色工会理论的概念组成；中国特色工会理论的分析框架。

中国特色工会理论的问题意识是指立足于中国工会的本土经验，从中国工会“为什么不是这样？为什么发挥不了某些作用”这样的问题中走出来，去回答中国工会“为什么是这样？为什么发挥这样的作用”，也就是在客观看待工会组织的生存和发展的基础上，回答“中国工会为什么能”“工会改革与创新为什么行”“工会的存在为什

① 闫冬．平台用工劳动报酬保护研究：以外卖骑手为样本．中国人力资源开发，2020（2）：114－123．

② 王天玉．超越“劳动二分法”：平台用工法律调整的基本立场．中国劳动关系学院学报，2020（4）：224－240．

么好”的问题。当然，回答这些问题时并不能只就事论事，或者粉饰太平，而应从学理的角度对工会的基础理论、工会的组织、工会的行为、工会的制度、工会的功能等进行更加系统的研究。此外，中国特色工会理论也应该保持与时俱进的节奏，回答中国工会在构建和谐劳动关系、推进产业工人队伍建设改革、促进新质生产力发展、促进社会治理体系和治理能力现代化等方面应该以及如何发挥作用。这些现实议题也需要不断被整合在中国特色工会理论的问题意识之中。

中国特色工会理论的分析包含三个层面，即中央层面、地方层面和企业层面。这三个层面工会的运作逻辑具有多重嵌入的特征，即要考虑党与工会的关系、政府与工会的关系、职能部门与工会的关系、雇主组织与工会的关系、企业与工会的关系、职工与工会的关系，以及社会力量与工会的关系。换言之，工会也在一个多元化的利益相关者的结构中通过与不同主体的互动不断发生各种变化。

从中央层面来说，分为两条研究路径：一是党与工会的关系，即工会在党的领导下如何发挥其作用的逻辑；二是工会在我国劳动制度中发挥的作用，也就是工会如何推动劳动关系规则的不断更新。从地方层面来说，地方工会和产业工会都会嵌入工会体系和地方党政体系中并发挥作用，因此对地方工会的研究需要考虑党与工会的关系、政府与工会的关系和地方工会自身运行的逻辑。地方工会也会在一定程度上与基层工会、企业、职工和社会力量之间产生某种关系，所以研究地方工会在这些关系结构中的行为逻辑就具有高度的必要性。从企业层面来说，工会组织在企业中的生存和发展，以及嵌入工会体系和企业组织两个环境中的工会的行为逻辑更具有重要的研究价值，毕竟工会与职工之间最直接的接触发生于企业组织内部。

中国特色工会理论的基本概念更多来源于中国工会自身的特征，例如，工会的代表性和组织性、工会的合法性和有效性、工会的服务功能与维权功能、工会的“借力”机制与“整合”逻辑，等等。这些都是进一步完善中国特色工会理论体系的重要概念基础。当然，完善中国特色工会理论体系，仍旧需要更多的研究创新的支撑。

中国特色工会理论的分析框架要求从不同学科的角度来分析工会。首先，从劳动关系理论的视角，中国特色工会理论构建的是一个以考察工会与其他劳动关系主体之间的关系形态为研究起点，将不同层级的工会行为、工会制度规范和工会组织角色作为核心议题，考察中央、地方和企业工会与其他主体形成某种关系形态背后的行为逻辑和制度逻辑的分析框架。其次，从社会学的角度，主要将工会组织的行为作为切入点，对工会与国家、工会与企业和工会与职工之间的关系进行考察，以呈现工会某些行为逻辑和角色功能背后的社会机制。最后，从政治学和公共管理学的角度，主要关注工会在国家治理和社会治理中的作用，以及工会如何和为什么能发挥这些作用，对大量的公共管理学理论在工会研究的场景下进行延伸。

总之，构建中国特色工会理论体系并非一朝一夕之功，需要更多的学术研究和积累，进而可以从多学科的角度形成分析工会问题的理论工具。

本章小结

当前我国劳动关系的新变化主要源于科学技术的发展和用工方式的变化，劳动力市场的变化也对劳动关系产生了影响。构建和谐劳动关系的提出引导学界对如何构建和谐劳动关系进行各种研究，为探索中国特色工会理论提供了基础。中国特色工会理论是一个多层级的体系，既要强调理论性，还要围绕实践反思理论问题，从而展开前沿研究。

主要术语

和谐劳动关系：和谐劳动关系是指劳动过程中的主体与客体之间的和谐关系。

工会理论：是关于工会的性质、地位、职能，以及工会与工人阶级、国家和社会之间的关系的一系列理论观点和实践方法。

阅读文献

1. 冯同庆．劳动关系理论的中国应用及其不足与补救．经济社会体制比较，2012（5）.

2. 王天玉．超越“劳动二分法”：平台用工法律调整的基本立场．中国劳动关系学院学报，2020（4）.

3. 孟泉．劳动关系经典理论研究．北京：中国工人出版社，2021.

4. 闻效仪．正确认识和把握共享经济对劳动关系的影响．工会博览，2018.

复习思考题

1. 在我国构建和谐劳动关系包含哪些内容？

2. 为构建和谐劳动关系工会应在哪些方面发挥作用？

3. 请简述工会在构建和谐劳动关系中的作用。

4. 如何理解工会在协调劳动关系中的功能？

5. 我国工会研究对我们有哪些启示？

第四章

工会与职工

学习目的与要求

1. 理解工会与职工的关系。
2. 了解工会代表与服务职工的组织功能。
3. 了解我国工会维护职工权益的具体实践。

课前预习题

1. 职工的概念与权利义务。
2. 工会的定义与性质。
3. 劳动者的权利主要包括哪些?

引导案例

工会网络问“政”①

广东省是我国人口最多的省份，也是中国和全世界制造业最为发达的地区，有近四千万名产业工人，其中一半以上来自省外。广东省的经济与社会发展面临着非常严峻的挑战：产业结构调整，企业内迁加快，新生代农民工权益意识增强，利益主体分

① 案例来源：黄岩，孟泉．工会网络问“政”：广东“工人在线”创新维权新机制．中国工人，2015（3）：14－19。

化。广东省总工会力图探索出一条能够及时畅达民意和倾听工人声音的新机制，“工人在线”应运而生。

“工人在线”的定位是“工人有话有地方说，职工有困难找工会”。依托互联网平台，工人可以通过线上和线下的方式与各级工会联系反映问题，省总工会派出专员负责解答工人的提问。“工人在线”开创了总工会、政府职能部门与媒体的强强联合新路径。省总工会有着强烈的为工人服务的意愿，它认识到了互联网技术的便捷性对沟通的重要性，一直在探索如何更好地利用网络平台来畅通与工人的联系。

广东省在全国率先迈出了“网络问政”的探索步伐。自 2008 年以来，南方报业传媒集团“网络问政”平台邀请省委书记和省长与网民见面，畅谈社会治理问题。此后“网络问政”活动不断延伸到省直各厅局和各地市，“网络问政”逐步走向成熟并得到各级政府的重视，其社会管理效果也日渐显著。“网络问政”正在制度化地成为各级政府问计问策于民的一种施政方式，也是公众问事问政于政府的一条重要渠道。

广东“工人在线”平台借助南方报业的传播优势和南方新媒体全方位传媒渠道，与省总工会共同建设了一座全新的工人与工会沟通、互动的桥梁。平台的工作形式分为线上和线下两种：每个月举办一次线上交流活动，省总工会领导、省直职能部门负责人、各地市总工会负责人、产业工会领导、企业工会代表、企业家、律师、专家学者和网友、工人代表一起参与互动，宣传和解释工会和劳动法规，倾听工人声音，回答工人各种提问，解决工人问题。

“工人在线”每个月都开展一次在线交流活动，每个月都会有一个主题。平台会提前预告主题、时间，同时面向工友征集问题。“工人在线”开辟了“工人有话说”、“部门回复”和“交办事项”等栏目，在“工人有话说”栏目下又设置了“咨询求助”、“投诉举报”、“建言献策”和“拍砖灌水”等板块。12 场的“工人在线”活动后，已经收集了工人的各种提问共 3 000 多件，已经现场解决工人问题近 300 件，具体跟进交办的已经有近 2 000 件。

第一节　劳动关系中工会与职工的关系

一、职　工

1. 职工的概念

1994 年 7 月 5 日，第八届全国人民代表大会常务委员会第八次会议通过的《劳动法》使用了“劳动者”一词，指代该法所规范的劳动关系中的一方主体。然而，《劳动法》并未明确说明“劳动者”的具体含义。1995 年 8 月 4 日，劳动部在《关于贯彻执行〈中华人民共和国劳动法〉若干问题的意见》中对《劳动法》的适用范围进行了说明，指出：在中国境内，凡是企业或个体经济组织与劳动者之间形成劳动关系，即劳动者成为这些组织的成员并提供有偿劳动的情形，均适用劳动法。① 职工通常指的是在各类企业、事业单位、国家机关或社会团体中工作，并由这些组织支付薪资的人员。②

在中国劳动法中，“劳动者”被学术性定义为“在现代产业社会中受雇于他人，以劳动所得为主要生活来源的体力和脑力劳动者”③。该定义突出了“劳动者”和“职工”共同的核心特征：均受雇于他人并获得劳动报酬。这两个特征源自雇佣劳动的从属性和有偿性，具体来说，“受雇于他人”意味着个体接受个人、企业、政府机构或其他雇佣单位的聘用，使用雇主提供的资源和设备，按其指示完成产品或服务的生产或提供；而“获得劳动报酬”则体现为在工作完成后，雇主支付相应的报酬，包括工资、奖金和福利等。④

2. 职工的权利与义务

根据《宪法》的规定，中华人民共和国公民享有劳动的权利和义务，劳动是一切有劳动能力的公民的光荣职责。劳动者的权利与义务是相互统一的，劳动者在享有权利的同时也须履行相应的义务。

劳动者的权利主要包括：

第一，平等就业和选择职业的权利。《宪法》第 42 条规定：中华人民共和国公民有劳动的权利和义务。国家通过各种途径，创造劳动就业条件，加强劳动保护，改善劳动条件，并在发展生产的基础上，提高劳动报酬和福利待遇。《劳动法》第 3 条规定，劳动者享有平等就业和选择职业的权利。第 12 条规定，劳动者就业，不因民族、种族、性别、宗教信仰不同而受歧视。第 13 条规定，妇女享有与男子平等的就业权利。

第二，取得劳动报酬的权利。《宪法》第 42 条第 2 款规定，国家通过各种途径，创造劳动就业条件，加强劳动保护，改善劳动条件，并在发展生产的基础上，提高劳动报酬和福利待遇。《劳动法》第 3 条规定，劳动者享有取得劳动报酬的权利。第 46 条规定，工资分配应当遵循按劳分配原则，实行同工同酬。第 51 条规定，劳动者在法定休

---

① 李琪．产业关系概论．北京：中国劳动社会保障出版社，2008.

② 李德齐．中国劳动关系学．北京：中国工人出版社，2007.

③ 常凯．劳动关系・劳动者・劳权：当代中国的劳动问题．北京：中国劳动出版社，1995.

④ 李琪．产业关系概论．北京：中国劳动社会保障出版社，2008.

假日和婚丧假期间以及依法参加社会活动期间，用人单位应当依法支付工资。

第三，休息休假的权利。《宪法》第 43 条规定：中华人民共和国劳动者有休息的权利。国家发展劳动者休息和休养的设施，规定职工的工作时间和休假制度。劳动法对每日工作时间、每周工作时间、一周休息时间、公休日、法定节假日以及年休假、婚丧假等作了规定。如《劳动法》第 3 条规定，劳动者享有休息休假的权利。第 36 条规定，国家实行劳动者每日工作时间不超过 8 小时、平均每周工作时间不超过 44 小时的工时制度。第 37 条规定，对实行计件工作的劳动者，用人单位应当根据第 36 条规定的工时制度合理确定其劳动定额和计件报酬标准。第 38 条规定，用人单位应当保证劳动者每周至少休息一日。第 40 条规定，用人单位在下列节日期间应当依法安排劳动者休假：元旦，春节，国际劳动节，国庆节，法律、法规规定的其他休假节日。第 45 条规定，国家实行带薪年休假制度。

第四，获得劳动安全卫生保护的权利。《宪法》第 42 条第 2 款规定，国家通过各种途径，创造劳动就业条件，加强劳动保护，改善劳动条件，并在发展生产的基础上，提高劳动报酬和福利待遇。《劳动法》第 3 条规定，劳动者享有获得劳动安全卫生保护的权利。第 52 条规定，用人单位必须建立、健全劳动安全卫生制度，严格执行国家劳动安全卫生规程和标准，对劳动者进行劳动安全卫生教育，防止劳动过程中的事故，减少职业危害。第 54 条规定，用人单位必须为劳动者提供符合国家规定的劳动安全卫生条件和必要的劳动防护用品，对从事有职业危害作业的劳动者应当定期进行健康检查。

第五，接受职业技能培训的权利。《宪法》第 42 条第 4 款规定，国家对就业前的公民进行必要的劳动就业训练。《劳动法》第 3 条规定，劳动者享有接受职业技能培训的权利。第 66 条规定，国家通过各种途径，采取各种措施，发展职业培训事业，开发劳动者的职业技能，提高劳动者素质，增强劳动者的就业能力和工作能力。第 68 条规定：用人单位应当建立职业培训制度，按照国家规定提取和使用职业培训经费，根据本单位实际，有计划地对劳动者进行职业培训。从事技术工种的劳动者，上岗前必须经过培训。

第六，享受社会保险和福利的权利。《宪法》第 44 条规定：国家依照法律规定实行企业事业组织的职工和国家机关工作人员的退休制度。退休人员的生活受到国家和社会的保障。第 45 条规定：中华人民共和国公民在年老、疾病或者丧失劳动能力的情况下，有从国家和社会获得物质帮助的权利。国家发展为公民享受这些权利所需要的社会保险、社会救济和医疗卫生事业。《劳动法》第 70 条规定，国家发展社会保险事业，建立社会保险制度，设立社会保险基金，使劳动者在年老、患病、工伤、失业、生育等情况下获得帮助和补偿。第 76 条规定：国家发展社会福利事业，兴建公共福利设施，为劳动者休息、休养和疗养提供条件。用人单位应当创造条件，改善集体福利，提高劳动者的福利待遇。

第七，提请劳动争议处理的权利。《劳动法》第 3 条规定，劳动者享有提请劳动争议处理的权利。第 77 条规定，用人单位与劳动者发生劳动争议，当事人可以依法申请调解、仲裁、提起诉讼，也可以协商解决。第 78 条规定，解决劳动争议，应当根据合法、公正、及时处理的原则，依法维护劳动争议当事人的合法权益。

第八，法律规定的其他劳动权利。

劳动者需履行的义务主要有：《宪法》第 42 条第 1 款规定，中华人民共和国公民有劳动的权利和义务。第 3 款规定：劳动是一切有劳动能力的公民的光荣职责。国有企业和城乡集体经济组织的劳动者都应当以国家主人翁的态度对待自己的劳动。国家提倡社会主义劳动竞赛，奖励劳动模范和先进工作者。国家提倡公民从事义务劳动。《劳动法》第 3 条第 2 款规定，劳动者应当完成劳动任务，提高职业技能，执行劳动安全卫生规程，遵守劳动纪律和职业道德。

二、工会的定义与性质

1. 工会的定义

著名社会学家韦伯夫妇在研究工会历史的基础上，对工会作出了经典的定义："工会是一种工资收入者的组织，其目的是保持或改善其成员的劳动条件。"他们还强调，工会并非临时性团体，而是一个具有持久性的组织结构。韦伯夫妇的定义清晰地表明了工会的目标，即致力于维护和改善会员的劳动条件。在狭义上，劳动条件主要包括工资和工作时间；而在广义上，则涵盖与雇佣和劳动相关的各类事务。①

英国的《工会与劳资关系（综合）法》对工会进行了定义："一个永久性或临时性的组织，涵盖一种或多种类别的全部或大部分工人，其基本目标是规范工人与雇主或雇主组织之间的关系。"这一定义主要从工会的注册程序角度出发，具有较强的法律意义。②

中国工会是由中国共产党领导的职工自愿结合的工人阶级群众组织，是党联系职工群众的桥梁和纽带，是国家政权的重要社会支柱，是会员和职工利益的代表。

2. 工会的性质

工会的性质是其与其他组织区别的重要特征，可以概括为以下四个方面：群众

①② 李琪．产业关系概论．北京：中国劳动社会保障出版社，2008.

性、阶级性、经济性和政治性。

首先，群众性。工会的群众性体现在其为一个广泛的群众组织。工会努力打破行业、地域和身份等限制，以吸引更多劳动者参与。许多国家的工会法明确规定劳动者有权自愿加入工会，这使得加入工会成为一种权利而非义务，进一步增强了工会的群众基础。

其次，阶级性。工会的阶级性表现在其为劳动者的组织。

再次，经济性。工会具有经济性。在经济领域，工会发挥着不可或缺的作用，致力于通过各种方式维护会员的经济利益。无论是通过集体协商来提高工资、处理争议以维护权益，还是参与管理、改善工作条件，工会都体现了其经济特征。此外，工会还通过各种福利项目帮助会员解决生活困难，进一步彰显其经济性。

最后，政治性。工会的政治性表明其不仅是社会或经济组织，还具备政治目标和参与能力。随着工会的发展，其政治性愈发明显。工会通过参与政治活动，推动社会政策的制定与实施，为劳动者争取更多权益，同时积极反映劳动者的诉求与意见，成为联结劳动者与政府的重要桥梁。

综上所述，工会的这些性质相互关联，共同构成了工会的独特特征和重要地位，使工会在维护劳动者权益、推动社会进步与发展中发挥着不可替代的作用。

三、工会的职责

《劳动法》明确规定，工会代表和维护劳动者的合法权益，并依法独立自主地开展活动。《工会法》的核心在于突出和强化工会维护职工合法权益的职能，指出“中华全国总工会及其各工会组织代表职工的利益，依法维护职工的合法权益”，并将“维护职工的合法权益”视为工会的基本职责。《中国工会章程》也明确指出，“中国工会的基本职责是维护职工合法权益”。企业工会作为企业职工自己的组织，其最基本的职能就是代表和维护企业工会会员及职工的合法权益。

维护职工的合法权益是工会的基本职责，其内容主要包括两个方面：首先是维护职工的劳动权益，涵盖就业权、获取劳动报酬的权利、劳动保护权、社会保障权及休息休假权等；其次是维护职工的民主权利，即职工依法对企业和事业单位事务进行民主管理、参与和监督的权利。工会维护职工合法权益的主要机制有三种：一是平等协商与集体合同制度，二是职工代表大会制度，三是劳动合同制度。

工会在通过上述三种机制维护职工合法权益的同时，还需履行其他具体职责，以更好地体现其维护职能。这些职责包括：

(1) 代表职工参与和监督。工会的参与和监督旨在维护职工的切身利益。在这一过程中，工会积极参与国家和地方立法机关的法律法规制定，并协助政府制定涉及职工利益的政策。工会通过提出建设性意见和建议，推动政策更加符合职工的实际需求。此外，工会还深入参与企事业单位涉及职工利益的重大决策，并对法律法规和政策的贯彻执行进行监督。

（2）为职工提供劳动权利保障。这一职责要求各级工会，特别是基层工会，承担保护职工基本劳动权利的责任。当企事业单位出现克扣工资、不提供安全卫生条件、随意延长工时或侵犯女职工特殊权益等情况时，工会应代表职工与单位交涉，要求其采取纠正措施。当发现企业存在违章指挥、强令工人冒险作业，或在生产过程中出现重大事故隐患和职业危害时，工会有权提出解决建议；在危及职工生命安全的情况下，工会有权建议企业组织职工撤离危险区域。

除了上述维护职工权益的职责，依据《工会法》的规定，工会还承担了多项重要职责，这些职责不仅体现了中国工会的性质和特色，还使其在构建和谐稳定的劳动关系方面发挥了关键作用：

（1）对职工进行教育的职责。工会负责帮助职工提高思想道德水平，提升技术业务能力以及科学文化素质，从而促进职工的全面发展。

（2）组织职工参加经济建设的职责。工会应吸引和组织职工参与经济建设，这体现了其在推动社会经济发展中的积极作用。

（3）协调企业劳动关系的职责。工会需承担企事业单位与职工之间劳动关系的协调责任，基层工会应参与企业的劳动争议调解工作，地方工会则需参与劳动争议仲裁机构的仲裁工作。

四、工会与职工的关系

具体而言，工会与职工的关系主要体现在以下五个方面：

第一，工会代表职工与雇主进行交涉。这是工会的核心功能，涉及与雇主就劳动关系的各项事宜进行沟通与协商。交涉的形式多样，包括参与法律、政策的制定以及对雇主内部行为规则的协商，参与管理活动，处理劳资纠纷等。这些交涉可以是定期进行的，例如集体协商和管理委员会会议，也可以是根据需要随时进行的，以代表会员向管理方反映意见和不满。

第二，工会代表职工进行集体协商，目的是通过协商确定工资标准、工作时间及其他雇佣条款，从而提升职工的薪资水平和职业保障。实际上，工会集体谈判的重要性已超过了从工会谈判中直接受益的重要性，例如，实力较强的工会所争取到的工资水平和福利待遇，常常成为实力较弱的工会或非工会会员群体薪资的参考。这些工资标准提供了关键信息，对各级政府制定就业、收入、税收、产业关系以及宏观经济发展政策具有重要的参考意义。

第三，工会为职工提供职业保障。在现代技术快速发展的背景下，工会在保障职工职业安全方面的作用愈加重要。在某些国家的集体协商中，职业保障甚至取代工资，成为首要关注点。为确保职工的岗位，工会在谈判中可能会向雇主提出维持现有工资水平甚至接受降低工资的建议，以换取不裁员的承诺。在面临裁员时，工会不仅会坚决反对，还会与雇主协商，探索灵活工作时间、调整岗位、减少外包等方案，以尽量避免员工被裁减。

第四，工会代表职工参与政治活动。在中国，工会的参政职能主要体现在中华全国总工会直接参与劳动法律和政策的制定过程，即“源头参与”。通过参与政治，工会不仅为劳动者争取了更多的权益保障，也积极推动了社会的进步与发展。尤其自20世纪90年代以来，工会在中国重要劳动法律、政策的制定方面发挥了重要作用，确保这些法律、政策能够更有效地体现劳动者的权益。

第五，工会为职工提供社会服务。自20世纪80年代起，工会逐渐转向为职工提供“现代服务”，例如各种保险、分期付款、个人贷款和法律援助等。此外，一些工会还为职工提供休闲场所和设施，并提供就业信息。工会在这一领域的服务功能愈发重要，工会成为职工生活中不可或缺的支持。

第二节 工会代表与服务职工的组织职能

一、工会的一般组织形式

工会的一般组织形式主要包括行业工会、产业工会、总工会和职业工会等几种类型。

1. 行业工会

行业工会是基于职业类别建立的工会组织，其核心原则是以相同或相似的职业为基础进行组建。例如，专门代表建筑工人、印刷工人或码头工人的工会都属于这一类别。行业工会的一个显著特点是跨企业性，它可以同时包括多个不同企业中的同一职业工人，甚至一个企业的工人可能隶属于多个行业工会。这种结构使行业工会能够更全面地维护特定职业群体的利益。由于这种工会是以职业为基础的，职业之间的差异使行业工会不易合并或结盟。这意味着，当某一职业因技术变革而衰退时，以此职业为基础成立的工会可能面临生存危机。

2. 产业工会

产业工会是根据产业类别建立的工会组织形式，旨在将同一产业内的工人联合在一起，不论其具体职业。这种工会的特点在于，来自同一企业的工人都被组织在同一产业工会中，并根据产业的类别组建地方及全国性工会委员会。产业工会通常代表一个产业内的大部分或全部工人，例如飞机制造、钢铁和煤矿等行业的工人。与行业工会相比，产业工会避免了跨产业组织工人所带来的复杂性，因而内部矛盾较少，会员更集中于某一特定产业。

3. 总工会

总工会的特点在于，它涵盖了来自各行各业和不同产业的所有雇员。这类工会的形成是为了弥补行业工会和产业工会的不足，特别是行业工会对入会的限制，使得许多非技术工人和临时工无法加入。总工会能够广泛招募会员，没有入会限制，能够更全面地代表劳动者的利益。

4. 职业工会

职业工会主要由从事非体力劳动的雇员组成，涵盖了公司职员、监工、一般管理人员、技术员和教师等广泛群体。在金融、保险、房地产和公用部门等第三产业经济发展起来之后，在这些社会服务业中就业的人数迅速增加。这为职业工会的发展提供了新的机会。

二、工会的组织结构

工会的一般组织结构指的是其内部的层级安排，因工会类型不同而存在显著差异。一般来说，工会的基本结构可以概括为：在雇主单位内，工会会员会选举出一名或多名工会干事，规模较大的组织可能需要一位高级工会干事来协调各项事务。在地区层面，各地区设有工会分会，这些分会的工会委员会由该地区所有工会干事选举产生。更高层次的是区域工会，区域工会委员会由各地区分会的代表组成。在国家层面上是总工会，总工会定期召开全国代表大会，由地区分会和区域工会选派代表参加，负责工会政策的制定与实施。总工会还设有理事会等机构，以确保政策的有效执行。

一般而言，工会的基层组织为地区分会，分会内设有专职干部，并配备办公场所和会员活动空间。地区分会的主要职责包括组织会员活动、召开工会干事会议、信息交流、政策制定和会费收缴。当地区分会在雇佣组织中成功发展了一定数量的会员时，通常会在该组织内建立分部，这些分部由工会干事管理。由于工会干事与会员之间建立了直接联系，且工作场所是工会活动的核心地带，因此，工会干事在工会的生存、发展和行动中起着关键作用。

工会代表在地方工会中占据重要位置，由会员直接选举产生，并直接与企业管理层进行沟通。这些代表是企业的全职雇员，其主要职责是确保一线管理人员遵守集体协议的条款；如发现管理方违约，他们将启动申诉程序，且通常作为第一发言人。此外，工会代表还负责收缴会费，向会员传达地方工会政策，并鼓励非会员加入工会。

三、中华全国总工会的组织及职责

中国工会全国代表大会的职权主要包括以下四项：(1) 审议和批准中华全国总工会执行委员会的工作报告；(2) 审议和批准中华全国总工会执行委员会的经费收支情况报告以及经费审查委员会的工作报告；(3) 修改《中国工会章程》；(4) 选举中华全国总工会执行委员会和经费审查委员会。①

中华全国总工会执行委员会的主要任务包括：(1) 根据全国代表大会确定的工作任务，审议并通过年度工会工作报告、财务工作报告和经费审查委员会的工作报告；(2) 依据形势和党的中心工作，研究并确定工会的工作方针和任务；(3) 讨论工会的人事变动事宜，进行执行委员会委员和经费审查委员会委员的替补与增补，并选举主席、副主席及主席团成员等。

中华全国总工会执行委员会主席团及主席会议的主要任务是执行全国代表大会和执行委员会的决议，领导全国工会工作。主席团会议通常由主席召集，每半年举行一次，具体时间可根据工作需要进行调整。主席团的任期与中国工会全国代表大会的届期相同，均为 5 年。为了坚持和健全民主集中制，完善主席团的集体领导制度和民主决策机制，明确职责、提高工作效率，《中国工会章程》经中国工会第十四次全国代表大会修订，新增了主席会议的相关内容。主席团闭会期间，由主席、副主席组成的主席会议行使主席团职权。主席会议由中华全国总工会主席召集并主持。主席会议一般每季度召开一次。

① 李玉赋．工会组织工作概论．北京：中国工人出版社，2018.

中华全国总工会书记处的主要职责是在主席团的领导下，负责中华全国总工会的日常工作。书记处的任期与中国工会全国代表大会的届期一致，均为5年。

中华全国总工会经费审查委员会的主要职能包括：(1) 审查全国总工会及其直属企业和事业单位的经费收支及资产管理情况；(2) 监督工会财经法纪的执行；(3) 审查下一级工会及其直属企业、事业单位的经费收支和资产管理情况；(4) 指导下级工会经费审查委员会的工作。

中华全国总工会女职工委员会的主要职能包括：(1) 维护女职工的合法权益及特殊利益；(2) 动员和指导女职工参与经济发展和社会进步；(3) 代表女职工参政议政，依法进行维权；(4) 组织和指导开展提升女职工整体素质的活动；(5) 加强女职工组织的内部建设。

产业工会全国委员会是在中华全国总工会的领导下设立的全国一级工会组织，其设置由中华全国总工会根据实际工作需要进行决定。产业工会全国代表大会和按照联合制、代表制原则组成的产业工会全国委员会全体会议的职权包括：(1) 审议和批准产业工会全国委员会的工作报告；(2) 选举产生产业工会全国委员会或产业工会全国委员会常务委员会；(3) 独立管理经费的产业工会选举经费审查委员会，并向产业工会全国代表大会或全国委员会全体会议报告工作。

四、地方总工会及工会的地方组织及其职能/职责

工会的地方领导机关是工会的地方各级代表大会和它所产生的总工会委员会。

1. 工会的地方各级代表大会

工会的地方各级代表大会的职责包括：(1) 审议和批准同级总工会委员会的工作报告；(2) 审议和批准同级总工会委员会的经费收支报告及经费审查委员会的工作报告；(3) 选举同级总工会委员会及经费审查委员会。

2. 总工会委员会

其主要职能包括：(1) 根据工会代表大会确定的工作任务，审议通过每年的工会工作报告、财务工作报告和经费审查委员会的工作报告；(2) 研究和决定工会工作中的重大问题；(3) 研究和决定有关人事变动事宜；(4) 选举主席、副主席和常务委员会委员等。

3. 常务委员会及主席办公会

各级地方总工会常务委员会在同级总工会委员会闭会期间行使委员会职权。各级

地方总工会委员会选举一名主席、副主席及若干常务委员，构成常务委员会。常务委员会会议通常每季度召开一次，由同级总工会委员会主席召集。常务委员会由同级总工会主席、副主席、经费审查委员会主任及所属部分地方工会和产业工会主席与总工会机关部分部门、直属单位负责人组成。各级地方总工会常务委员会的任期与地方工会代表大会的届期相同，为5年。主席办公会由同级总工会主席与副主席组成。在总工会常务委员会闭会期间，由主席办公会行使常务委员会的职权。根据工作需要，可以定期或由主席提议随时召开主席办公会。

4. 工会办事处和工作委员会

工会办事处一般设立于地区，工作委员会一般由上一级工会在下一级组织设立。工会办事处和工作委员会都是上级工会的派出机关，按照上级工会的要求，代表上级工会行使职权。工会办事处和工作委员会设一名主任及若干名副主任，主任、副主任由上级工会任命。

5. 地方工会经费审查委员会

其主要任务是：（1）审查同级总工会及下一级工会及其直属企业、事业单位的经费收支和资产管理情况；（2）监督财经法纪的执行和工会经费的使用；（3）接受上级工会经费审查委员会的指导，指导下级和基层工会经费审查委员会的工作；（4）向同级工会代表大会负责并报告工作。

6. 地方工会女职工委员会

其主要任务为：（1）维护女职工的合法权益和特殊利益；（2）指导下级工会组织动员女职工为经济发展和社会进步贡献力量；（3）代表女职工参政议政，依法开展维权工作；（4）指导、组织下级工会开展提升女职工整体素质的活动；（5）加强女职工组织的自身建设。

7. 地方产业工会

地方产业工会是在同级地方总工会领导下的一级工会组织，具体设置由同级地方总工会根据本地区的实际情况确定。除实行垂直领导的铁路、民航、金融、邮政、电信等系统的产业工会实行上级产业工会与地方工会双重领导，以上级产业工会领导为主外，其余的产业工会，均以同级地方工会领导为主，同时接受上级产业工会的领导。地方产业工会可召开代表大会，选举工会委员会，或按照联合制、代表制原则组成工会委员会，任期为5年。省级、市级及县级总工会，根据当地产业结构和职工构成情况，建立本地区的产业工会组织。县级总工会还可建立县（区）、乡镇（街道）行业工会联合会，以适应基层单位小而分散、职工流动性大的特点。

五、工会的基层组织及其职能/职责

1. 会员大会或会员代表大会

基层工会会员大会或会员代表大会的主要职责包括：（1）审议和批准基层工会委员会的工作报告；（2）审查和批准基层工会委员会的经费收支报告及经费审查委员会的工作报告；（3）选举基层工会委员会及经费审查委员会成员；（4）罢免或更换已选出的代表及工会委员会成员；（5）讨论并决定工会工作中的重大事项。

2. 分厂、车间（科室）工会委员会

根据《中国工会章程》第30条的规定，基层工会委员会可根据需要在分厂、车间（科室）设立工会委员会。委员会由分厂、车间（科室）的会员大会或会员代表大会选举产生，其任期与基层工会委员会相同。在一些企业中，这些分厂或车间（科室）的工会委员会也被称为分会。实际上，企业分厂、车间（科室）的工会委员会分会在职权和性质上与基层工会委员会相同。

3. 常务委员会

大型企事业单位的工会委员会可根据工作需要，在上级工会的批准下设立常务委员会。常务委员会在基层工会委员会闭会期间负责领导工会工作，并研究和决定重大事项。其成员包括一名主席、若干名副主席和委员。常务委员会的成员可以通过工会委员会选举产生，也可以由工会会员大会或会员代表大会选举产生，采用无记名投票的差额选举方式，差额率不低于10%。常务委员会的任期与工会委员会的任期相同，通常为3年至5年。

4. 经费审查委员会

基层工会设立经费审查委员会，由基层工会会员大会或会员代表大会通过无记名投票等额选举产生。委员会成员通常为3人至11人，设有一名主任，并可根据需要设一名副主任；主任和副主任由委员会内部选举产生。经费审查委员会代表会员负责审查本单位及其直属单位的经费收支和资产管理情况，监督财经法规的执行及工会经费的使用。此外，该委员会接受上级工会经费审查委员会的指导，向基层工会会员大

会或会员代表大会负责并报告工作。在基层工会会员大会或会员代表大会闭会期间，其向基层工会委员会负责并报告工作。

5. 女职工委员会

根据《工会法》第 10 条的规定，女职工人数较多的，可以设立工会女职工委员会，在同级工会的领导下开展工作；女职工人数较少的，可以在工会委员会中设女职工委员。女职工委员会在同级工会委员会的领导和上级工会女职工委员会的指导下开展工作，表达和维护女职工的合法权益。委员会成员由同级工会委员会提名，并通过充分协商后组成或选举产生，与工会委员会的设立同步。女职工委员会的主任由工会女主席或副主席担任，如没有，则由符合条件的女职工委员担任。女职工委员会的任期与基层工会委员会的任期相同。女职工委员会是基层工会委员会领导下的组织，依法维护女职工的合法权益，为同级妇联组织的团体会员，通过县级以上女职工委员会接受妇联的指导。

第三节　我国工会维护职工权益的具体实践

工会的主要职责在于维护职工的合法权益。作为职工利益的代表和维护者，工会在保障职工权益方面扮演着不可或缺的角色。我国工会在维护职工权益的实践中，展现了多样性和成效。首先，工会通过组织职工代表大会，使职工能够参与企业的民主管理和决策。这一大会是职工表达意愿和维护权益的重要平台，工会积极推动这一制度的实施，确保职工的合法权益得到有效保障。其次，工会致力于落实劳动法律法规。通过宣传、教育、监督和检查，工会确保企业遵循国家的劳动法律法规，保障职工在工资、工时、休息、社会保险等方面的基本权益。此外，工会还积极参与劳动争议的调解和仲裁。在职工与企业发生劳动争议时，工会迅速介入，协助双方进行协商与调解，努力化解矛盾，保护职工的合法权益。如果调解无效，工会会代表职工参与仲裁或诉讼，以争取应有的权益。同时，工会也关注职工的心理健康与职业发展，提供心理健康讲座、职业咨询和培训等服务，帮助职工减轻工作压力，提升职业技能，促进个人发展。工会还通过设立困难职工帮扶基金和组织慰问活动等，积极开展送温暖活动，关心生活困难的职工，给予物质和精神上的支持，让他们感受到工会的关怀与温暖。

我国工会在维护职工权益方面开展了大量卓有成效的工作。这些努力不仅保障了职工的合法权益，也促进了企业的和谐与稳定发展。中国工会十七大以来，坚持以习近平新时代中国特色社会主义思想为指导，深入贯彻习近平关于工人阶级和工会工作的重要论述，围绕中心任务、服务大局，积极进取、勇担责任，专注于主责主业，坚持改革创新，同时保持和增强政治性、先进性和群众性。推动各项工作取得新进展新成效，奋力谱写了党的工运事业和工会工作的新篇章。

围绕国家的重大战略、工程、项目和重点产业，工会积极开展以“当好主人翁、建功新时代”“建功‘十四五’、奋进新征程”为主题的劳动和技能竞赛。同时，工会扎实推进企业开展劳动竞赛及“五小”等群众性创新活动，参与竞赛的企事业单位和职工年均分别达到 58 万家和 5 806 万人次。此外，工会还开展了劳动模范和先进工作者的评选活动，共表彰全国劳动模范和先进工作者 2 493 名，授予全国五一劳动奖 4 952 个和全国五一巾帼奖 2 200 个。工会还举办了大国工匠创新交流大会和论坛，宣传“大国工匠年度人物”，并建设了 360 家工匠学院和超过 8 万家劳模工匠创新工作室。同时，统筹推进工会系统的援藏和援疆工作，积极参与定点扶贫和帮扶工作，助力打赢脱贫攻坚战和全面推进乡村振兴。①

工会积极履行维权和服务职责，致力于提升职工的生活品质。针对城市困难职工，工会系统建立档案，成功帮助 549.9 万户家庭实现解困。为构建常态化的梯度帮扶机制，工会在两节送温暖活动中筹集了 218.7 亿元，慰问了 4 250.6 万人次。同时，工会加强对职工在劳动就业、收入分配、社会保障和劳动安全等方面的权益保护，指导企业依法开展工资集体协商，推动完善职工的社会保障制度，并注重女职工权益的维护和关爱服务。工会还重点关注特殊群体的维权服务，推动新就业形态劳动者权益维护制度的落实，解决拖欠农民工工资的问题，帮扶核工业等特殊困难群体。持续开展“尊法守法・携手筑梦”服务农民工公益法律服务行动，服务农民工超过 2 900万人次。此外，工会加强职工服务基础设施建设，提升职工服务中心的综合功能，推动工人文化宫和疗/休养院的规范化建设，建立了 13.1 万个工会户外劳动者服务站点，并促进职工互助保障组织的发展，组织公益活动。②

一、“三个一”工作法

在具体实践中工会开展了各种工作以维护职工的权益，例如天津市经开区总工会使用“三个一”工作法，以倾听、沟通、改善三个工会工作的基本程序为依托，试验

①② 参见中国工会十八大报告。

性地在企业中进行三个"一次"，获得了企业的支持和职工的认同，经过不断磨炼和修正，最终形成指导天津市经开区总工会及各类型企业工会工作的基本方法。"三个一"工作法已经成为协调天津市经开区劳动关系的核心机制之一，促进劳动者与用人单位营造良好对话氛围的通用方法之一，建立企业内部沟通、解决劳动问题的方法之一，提升企业劳动关系管理水平的可行机制之一，天津经开区优化营商环境软实力、提升社会治理水平的创新经验之一。其具体实施步骤如下①：

（1）工会委员会内部商讨，选 3 到 5 个职工普遍比较关心的诉求。

（2）通过非正式场合与基层管理者、职工代表或会员代表进行沟通，了解所选的诉求是否能反映大多数职工的意愿。

（3）可以通过确定一项诉求，对所有职工代表以线上的方式进行确认，若无职工代表可让班组长或团队领导替代，则对这些诉求进行具体的规划。

（4）工会总结诉求之后，与企业人力资源管理部门或人事管理部门负责人沟通，论证落实该诉求的可行性，包括企业接受程度、改善落实的成本核算、与企业管理方沟通的策略。

（5）工会进一步制订与企业行政方的沟通计划，包括以下几个关键点：第一，明确沟通的地点、时间，尽量选取半正式的场合。第二，沟通的环境要相对轻松。第三，沟通的问题要明确，理据要充分，特别是要具备能代表绝大多数员工意见的依据。第四，要提前确认是否有必要让职工代表参与。第五，要就沟通的结果形成书面文件。第六，将沟通的结果通过职工代表或班组长向职工进行反馈。第七，进一步推动改善项目的落实，并与相关部门协商制定时间表。第八，改善落实之后，要主动收集员工的反馈，并由工会委员会反思在倾听、沟通、改善三个环节中的经验与教训。第九，将第一次经验进行总结，根据在具体实施过程中所遇到的问题，由工会委员会制定一个初步的规范化流程，提交经开区总工会审核，提出意见，进行完善。

二、诉求分类处理法

天津经开区总工会还探索出了诉求分类处理法，形成了分类处理诉求的基本步骤。②

1. 处理即时型诉求的步骤

（1）即时型诉求主要是指利用线上沟通的方式，如微信、QQ 等提出的诉求。在

① 孟泉．劳动关系源头治理研究．北京：中国工人出版社，2020.
② 孟泉．劳动关系源头治理研究．北京：中国工人出版社，2020.

这些平台沟通的诉求都是日常工作过程中工会可以直接处理和回答或通过工会和相关部门进行简短沟通即可回答的问题，例如，放假通知的确认、食堂菜品的问题、班车站的变化、工作场所的变化等。

（2）建立职工代表微信群，由工会主席或副主席作为群主，确定部分工会委员和职工代表作为微信群的监督员。

（3）工会委员会针对微信群制定群规，向群内成员公布职工提出诉求或工会征求意见的基本步骤，包括提出诉求的基本类型，群内的发言、表达规范，工会委员会在群内的职责，以及反馈诉求的基本安排。

（4）职工提出的诉求符合即时型诉求的，工会相关负责人要及时回复；若无法及时回复，也要在群内告知职工通过何种方式以及需要多长时间可以回复。对一些企业重要的决策，若工会委员会觉得有必要在群内进行说明，避免职工误解，也可以在群内进行公告。

（5）对群内职工提出的诉求或问题，无法在短时间内进行回复，且需要与部门领导进行沟通的，需要进入专门型诉求的机制。

（6）工会处理职工的诉求后，需要由工会干事及时将职工的诉求进行统计、总结，形成数据。统计的信息可以包括诉求类型、诉求内容、归口部门、沟通状况、改善措施、改善时限、改善结果、问题反思等。

2. 处理专门型诉求的步骤

（1）工会委员会讨论、议定专门型诉求的范畴。专门型诉求属于无法在短时间内给予职工反馈，且需要与相关部门负责人进行沟通，协调一个或多个部门实现改善目标的职工诉求。

（2）工会委员会设立定期倾听职工意见和诉求的机制，分为主动倾听机制和被动倾听机制。

（3）尝试建立定期被动倾听机制，例如工会主席接待日、部门领导接待日、工会委员接待日等方式，其中部门领导接待日需要由工会主席负责组织，尽量保证每个部门领导每年都可以参与一次。

（4）尝试建立不定期被动倾听机制，如工会热线、工会邮箱、工会信箱。这类方式较为传统，可以选择，但不能保证所有诉求都有效被解决。

（5）尝试建立定期主动倾听机制，如工会主席恳谈会，主动邀请职工代表进行年度、季度甚至月度的工会恳谈会，可以根据恳谈议题，邀请相关部门领导出席。

（6）尝试建立不定期主动倾听机制，如工会主席不定期去各部门、各生产线，在不影响职工工作的情况下倾听职工的意见。工会委员也可以主动询问一些职工或职工代表的意见。

（7）启动被动倾听机制时，做到每一个诉求有记录、对每一个职工有反馈。

（8）倾听的诉求和问题需要与哪些部门对接，工会委员会应及时与相关部门负责人进行沟通，并确认改善的可能性、改善的时间和方法。若一次沟通难以达成一致，可以进行多次沟通。但是，多次沟通的信息需要向提出诉求的职工进行反馈。

（9）在梳理改善诉求的过程中，要将容易改善的与不易改善的诉求进行分类，总结出专门型诉求可以落实的经验和教训。

3. 处理核心型诉求的步骤

（1）核心型诉求是指有关职工切身利益和企业重要管理决策的诉求。这类诉求包含职工工资、福利待遇，企业管理的规章制度，企业决策，以及涉及劳资纠纷和冲突的一系列问题。

（2）建设核心型诉求倾听机制，一般采用劳资恳谈会、劳资沟通会等方式，在有条件的企业工会可以采用集体协商的方式与企业管理方进行沟通。在这类沟通机制中，工会的出席人员一般为工会主席、副主席、部分委员和职工代表，企业管理方的出席人员则为高级管理者。双方确认议题，提供依据，互相沟通，达成一致。

（3）无论是恳谈会还是沟通会，其本质都是工会就大多数职工的核心诉求与企业管理方进行沟通的方式。沟通的关键程序包括正式沟通前收集意见、沟通过程中互动，以及沟通后需要改善事项的监督与落实。

本章小结

职工通常指的是在各类企业、事业单位、国家机关或社会团体中工作，并由这些组织支付薪资的人员。工会的组织形式可分为行业工会、产业工会、总工会和职业工会。工会具备群众性、阶级性、经济性和政治性，这些性质相互关联，共同构成了工会的独特特征和重要地位。工会的基本职责是维护职工的合法权益，主要包括两个方面：一是维护职工的劳动权益，如就业权、获取报酬权、劳动保护权、社会保障权和休息休假权；二是维护职工的民主权利，职工依法参与企业和事业单位事务的管理与监督。工会维护职工权益的主要机制包括平等协商与集体合同制度、职工代表大会制度和劳动合同制度。

工会与职工的关系体现在五个方面：首先，工会代表职工与雇主进行交涉；其次，工会代表职工与雇主展开集体协商，旨在通过协商共同确定工资标准、工作时间以及其他雇佣条款，以提升职工的薪资水平和职业保障；再次，工会为职工提供职业保障；复次，工会代表职工参与政治活动；最后，工会为职工提供社会服务。在保护劳动者权益和促进社会发展方面，工会发挥着不可替代的作用。

主要术语

1. 劳动者与职工：在中国劳动法中，劳动者被学术性定义为“在现代产业社会中受雇于他人，以劳动所得为主要生活来源的体力和脑力劳动者”。该定义突出了“劳动者”和“职工”共同的核心特征：均受雇于他人并获得劳动报酬。

2. 中国工会：由中国共产党领导的职工自愿结合的工人阶级群众组织，是党联系职工群众的桥梁和纽带，是国家政权的重要社会支柱，是会员和职工利益的代表。

阅读文献

1. 李琪．产业关系概论．北京：中国劳动社会保障出版社，2008.

2. 李德齐．中国劳动关系学．北京：中国工人出版社，2007.

3. 李玉赋．工会组织工作概论．北京：中国工人出版社，2018.

4. 常凯．劳动关系·劳动者·劳权：当代中国的劳动问题．北京：中国劳动出版社，1995.

5. 黄岩，孟泉．工会网络问“政”：广东“工人在线”创新维权新机制．中国工人，2015（3）.

6. 中国工会十八大报告．

7. 孟泉．劳动关系源头治理研究．北京：中国工人出版社，2020.

复习思考题

1. 工会与职工的关系是怎样的？

2. 工会维护职工的权益体现在哪些方面？

第五章

雇主及雇主组织

学习目的与要求

1. 理解中外对雇主的定义和规定，以及雇主的概念和特征。

2. 了解雇主组织的发展，雇主组织的形式、结构、作用以及世界各国的主要雇主组织。

3. 掌握人力资源管理的理念、人力资源管理与劳动关系的差异。

4. 讨论中国人力资源管理的发展与劳工权益问题。

课前预习题

1. 雇主的定义。

2. 雇主组织的发展有几个阶段？

3. 雇主组织主要有哪些类型？

4. 人力资源管理与劳动关系的差异有哪些？

引导案例

行业协会、商会参与劳动关系协调[①]

行业协会、商会为二元雇主组织结构的补充，实践中其参与劳动关系协调的途径

① 吴文芳．雇主组织参与三方机制的中国法治路径．温州大学学报（社会科学版），2024（5）：1-16.

主要是进行行业性、区域性的集体协商，以及零星地参与行业劳动关系三方协调机制。我国行业协会、商会的核心职能在于建立行规行约实现行业自律、为企业和社会提供公共服务、向政府建言献策并保证各项政策能够得到贯彻落实。基于行业协会、商会维护会员合法权益的设立宗旨和运行准则，维护雇主在劳动力市场中的利益，也是行业协会、商会广义上的职能之一。从会员的聚合度看，由于行业协会聚集的是同行业同性质的企业，它们在劳动关系领域的共同利益是最高的，所以行业协会是最可能代表雇主签订集体合同的组织，以新就业形态劳动者的权益保障为例：人力资源和社会保障部、全国总工会等相关部门多次在发布的政策文件中强调要引导、推动与行业协会等企业代表组织的行业性集体协商，以推动制定行业劳动标准。可见，行业协会、商会代表企业与工会签订行业性、区域性集体合同，对于和谐劳动关系的发展具有现实且重要的意义。虽然行业性的劳动关系三方协调机制并不在全国劳动关系三方协调机制的框架内，也没有任何的制度保障，但实践中仍然鲜活地出现了相关的案例。目前全国性的行业协会中，建筑业协会与中国船东协会两家行业协会参与了本行业的劳动关系三方协调机制。不过整体上看，由于行业协会并不直接参加劳动关系三方协调会议，而参加会议的企联、工商联与行业协会的沟通并不充分，因此，在国家有关劳动关系的法律法规和政策的制定过程中，企联与工商联如何更好地反映和体现各类不同行业的企业的诉求、意见和呼声，是雇主组织发展过程中必须面对的挑战。

第一节 雇 主

一、雇主的定义

相比于雇员，雇主（employer）是一个比较难以界定的概念，很多时候依赖雇员的概念。因此我们先从雇员的角度来理解雇主的一般性内涵：（1）雇主是雇员在工作组织中出卖劳动力的对象；（2）雇员和工作场所的结合是在雇主的管理下实现的；（3）雇主拥有雇员的招聘、任务分配、解雇等一系列管理权力；（4）雇主支付雇员劳动报酬。

各国法律都力求对雇主实行严格的定义，以确定雇主在相关劳动法律中的权利和义务，并以此界定雇主在劳动关系中的责任边界。然而各国法律对“雇主”定义也不尽相同，对属于雇主范畴的目标群体的认定，不同法律有不同的规定。

在德国，雇主的概念需要通过雇员来定义，雇员的劳动合同的另一方当事人是雇主。雇主可能是自然人、法人，也可能是商事合伙。法人机关和商事合伙中有代表权的合伙人是雇主指令权的行使主体。因此，绝大多数的意见排除了这些人同时是雇主。①

在日本、韩国，雇主的概念强调雇主作为自然人和法人的区别。日本《劳动基准法》规定："本法所称雇主，系指企业主、企业经理人或代表企业主处理企业中有关工人事宜的人。"韩国《劳工标准法》规定："本法中'雇主'一词是指企事业业主，或负责企事业管理的人，或在与工人有关的事宜上为企事业业主效力或代表企事业业主的其他人。"

在美国，对雇主概念的判断是以工作场所的控制权为依据的。《公平劳动标准法》规定："雇主是指在与雇员的关系中，直接或间接代表雇主的利益从事活动的人，也包括一个公共机构，但是不包括任何劳工组织（劳工组织作为雇主身份时除外）或者任何以办公室或代理机构的名义活动的劳动组织。"在决定某主体是否为《公平劳动标准法案》的雇主时，关键在于所谓的雇主对其工人是否有控制的权利。在确定某一主体是否具有"雇主身份"时，通常需要考虑以下因素：(1) 该主体是否享有雇用和解雇雇员的权利；(2) 该主体是否可对雇员进行工作安排或对雇佣状况进行监督和控制；(3) 该主体是否享有确定工资数额及支付方式的权利；(4) 该主体是否保存雇佣记录。②

在我国的法律体系中，并没有"雇主"字眼的出现，而基于雇员的依赖性特征，使用了"用人单位"的概念。用人单位是指具有用人权利能力和用人行为能力，运用劳动力组织生产劳动，且向劳动者支付工资等劳动报酬的单位。用人单位的用人权利能力和用人行为能力，在其依法成立之时产生，在其依法撤销之时消灭。目前适用《劳动法》的用人单位包括企业、个体经济组织、国家机关、事业组织、社会团体，其中：企业是指我国境内的所有企业，包括法人企业和非法人企业、国有企业和非国有企业、内资企业和外资企业；个体经济组织是指经工商登记注册并招用雇工的个体工商户；国家机关、事业组织和社会团体是指通过劳动合同与其部分工作人员建立劳动关系的单位。

从以上关于雇主的定义和范围看，雇主的范围相当广泛。然而，我们还是从中能总结出四个关于雇主的概念的特征：(1) 雇主是雇员或工人或劳工的对称，基本特征

---

① 杜茨．劳动法．张国文，译，北京：法律出版社，2005：21.

② 谢增毅．劳动关系的内涵及雇员和雇主身份之认定．比较法研究，2009 (6)：74－83.

是雇佣组织或者个人雇用他人为其提供劳务；（2）雇主可以是自然人，也可以是法人，但具体劳动关系事务中，雇主必须由自然人来充任或代表；（3）雇主一定具有对雇员的指挥和控制的权力；（4）凡是在劳资关系中代表资方或管理方处理有关劳资事务的人，均可称为雇主。所以，雇主的概念可以包括企事业业主、企事业的经营者和管理者以及代表企事业业主处理劳资事务的其他人。

由于意识形态以及企业所有制形态的影响，出现了许多与雇主相仿的概念，如“资本家”“企业主”“企业家”“经营者”等。如果不对这些概念进行正确的理解，甚至干脆认为它们等同于雇主的概念，将会导致对雇主内涵的错误认识。

（1）资本家（capitalist）。从字义看，它是指拥有资本投资并获利的人，即以资本运作为业的人。其实质是指现代产业社会中占有生产资料、通过雇用劳动者而获得剩余价值的人。资本家在传统企业制度中兼有所有者和管理者的双重身份。这一概念侧重于资本主义经济制度中基本阶级的划分。

（2）企业主（enterprise owner）。它是指企业的拥有者或资产所有者，又称“雇主”。这一概念更强调企业的所有权，与劳动者有一种对应关系。在现代企业中，企业主是通过经营者与劳动者发生联系的，而传统企业中，企业主则直接管理劳动者。所以在一些国家的劳动立法中也使用企业主这一概念。

（3）企业家（entrepreneur）。在市场经济国家，企业家与企业主是一个含义，但更侧重于企业经营。在私有制条件下，能作为企业家的经营者，一般都与产权有直接联系。在我国，所谓企业家是社会上对企业经营者专门人才的称呼，或者说是一种社会职业，与劳动者不是一种对立关系。

（4）经营者（operator），指以营利为目的的从事经营活动的公民、法人和其他经济组织。我国法律定义的经营者是向消费者提供其生产、销售的商品或者提供服务的公民、法人或者其他经济组织，它是以营利为目的从事生产经营活动并与消费者相对应的另一方当事人，即经营者与消费者是一种对立关系。

二、雇主形式的演变

工业革命的成果使工厂制度成为资本主义制度下最普遍的生产组织形式。工厂制度下的工人，一方面，受严格纪律的约束；另一方面，受到精密分工的机器的支配，成为机器的附属品。工厂制度的建立不但适应了机器大生产的要求，更使传统手工业制造下的师徒制度全面瓦解，把工人从家庭转到了工厂，产生了真正意义上的劳动关系。而劳动关系也成为人类社会发展到资本主义阶段后劳动成为商品的一种劳动交易形态，雇佣者和被雇佣者由此产生对立，而最初的工厂主就成了雇主。

在工业时代早期，中小企业占多数，工厂主既是资本所有者又是企业经营管理者，他们雇用上百个乃至上千个工人进行生产。在他们眼中，工人只不过是资产的一部分，如同雇主投资的机器生产设备、厂房、土地一般，是可以随时丢弃的。当时的劳动关系被理所当然地认为是“主人和仆人”（master and servant）以及“自由雇佣”（employment at will）。因此，许多雇主招聘了不少具有黑社会背景或干脆就是囚犯的工头来帮助雇主对工人进行鞭打牲畜式的“驱打管理”① （drive system）。工头常常使用粗劣的言语及高压的行为迫使工人更努力地工作，他们像吆喝牲口一样对待工人，而工人也非常惧怕和憎恨工头，因此工头成为雇主在工作场所权力的代表。

随着资本主义的迅速发展，企业规模越来越大，管理层级开始出现。与此同时，随着专业化分工的不断细致，协调和计划工作日益重要。于是，雇主开始聘用专门的直线管理人员和职能管理人员来进行对工人的管理。随着委托代理理论的兴起以及现代公司制的引进，企业所有权和管理权开始分离，资本所有者通过授权的方式，赋予企业管理者实际的经营控制权，甚至雇佣工人的权力也成为管理者的分内职权。于是，管理者形成一个特殊的群体：一方面，他们是雇主聘用过来的雇员；另一方面，他们代表企业所有者掌握并行使了雇佣权力。随着管理者群体规模的不断扩大，有人尝试依权力等级来划清管理者的“雇主”和“雇员”属性，他们认为，组织以及部门负责人制定企业管理战略并决定企业所得分配，而权力等级较低的管理人员仅是执行者。正是因为这点，有人将管理者理解为组织顶层的那些人，他们代表所有者或雇主，而位于组织权力等级底部的人则被认为是雇员的一部分，他们与组织的决策过程相距甚远。所以我们常常可以看到中低级管理人员以及企业的技术专家或职能管理人员组织工会，并与雇主或企业高级管理层进行集体协商。②

雇主形式还在进一步变化，到了当代，随着人力资本理论的兴起，西方企业开始流行员工持股计划，它是指在股份公司内部设立员工持股会，公司以某种形式赋予员工全部或部分资金，帮助员工个人积累资金购买并持有本企业股票的一种新的股权制度。通过内部持股，普通员工能合法获得企业部分所有权及相应的经济利益，实现了生产者与所有者的相对或部分结合。在实行员工持股制的企业中，员工已经不是纯粹的雇工，而是雇工兼业主，是企业所有者的一分子。这不仅在一定程度上缩小了劳动收入与资本收入的差距，而且模糊了雇主和雇工的界限，缓解了资本与劳动力之间的

---

① 斯利克特（Slichter）对它下了一个学术定义：“是一种通过向工人施压来提高生产效率的方法，它的主要特征是利用工人对资方的敬畏和恐惧来驱动工人，并且在工人中扩展这种恐惧以充分利用之。” Sanford M. Jacoby. Employing bureaucraly：Managers，unions，and the transformation of work in American industry，1900—1945. New York：Columbia University Press，1985.

② 杨体仁，李丽林．市场经济国家劳动关系：理论・制度・政策．北京：中国劳动社会保障出版社，2000.

矛盾。我们之所以无法对雇主进行明确的定义，原因也在于雇主的形式在历史上不断演变。

三、中国雇主制度的形成

中国资本主义的萌芽可以追溯到公元 16 世纪 80 年代到 18 世纪 90 年代，即明朝的嘉庆、万历年间到清朝的乾隆年间。[①] 明朝中期，在长江中下游的苏州、南京等地，由于海外贸易以及国内人口的增长，小农经济的自给自足已经无法满足人们的生活需要。终于，中国的织造业催生了第一批以营利为目的的雇工作坊，而且，当时明朝政府为了获得更多的税收，也不反对这些作坊的运作。由此，中国历史上第一批雇主便产生于这些作坊之中。截至鸦片战争前，中国的雇主只是以家庭手工业者的形式稀疏存在。1840 年鸦片战争后，随着洋务运动的开展和国外资本的进入，中国进入工业社会发展的初期。在这一时期，除官办工厂外，也有不少新兴的民族企业，但大多都规模小、技术简单、生产水平低。大多数雇主既是投资者也是经营者，集所有权、管理权于一体。

直至新中国成立前，我国的工业一直处于比较缓慢的发展状态，大规模的工业化是在新中国成立后才开始的。在新中国成立之初，我国为恢复经济生产、缓解失业人口剧增，采取了“劳资两利”政策，这一时期的雇主作为私营经济的所有者依然存在。而在 1952 年年底的国民经济恢复时期结束之后，对农业、手工业、资本主义工商业的社会主义改造即有条不紊地开展起来。1956 年前后，大规模的全行业公私合营使得相关企业的劳动关系发生了根本变化，资本家将生产资料交给了国家，由国家核定股金，据此付给资本家定息，同时给资本家安排工作。这时，原来的资本家对企业不再具有管理权，而其以前作为雇主的职能换由国家来行使。

随着社会主义改造的基本完成，在 1957—1978 年这一时期，中国进入社会主义劳动关系阶段。私营企业已经不再存在，国有企业是唯一的经济形式，国家建立了大统一的劳动用工、收入分配制度，企业不是一个独立的利益集团，而是作为政府的事业机构。“雇主”在中国消亡，企业的管理人员均是以国家干部的身份在企业中执行国家对企业的指令，既没有自主用工的权利，也没有自主决定工资收入的权利。这个时期，企业和员工没有劳动关系，也不存在雇主和雇员的概念。

1978 年后，我国的改革开放拉开了序幕，从计划经济体制向市场经济体制转变。首先是全民所有制小型企业的改革，在国家鼓励下，不少人以租赁、承包的形式接管

---

① 吴承明．中国资本主义的发展述略//中华书局编辑部．中华学术论文集．北京：中华书局，1981.

了企业经营权，这些人可以看作是我国经历计划经济后重新出现的第一批雇主。但是，在这一时期，人们的意识形态中依然保留着此前的某些看法，雇主往往与资本家联系在一起，带有贬义色彩，所以“雇主”一词的使用并未流行起来，而通常用“用人单位”一词，并延续至今。

到 1992 年，我国正式确立建立社会主义市场经济体制的目标。随之，在全国范围内对国有企业逐步实施了推行代理制、开放经营、平等竞争、自负盈亏的政策。由此，作为我国主要经济体的国有企业便取得了自主用工、制定工资分配方案的权利等作为雇主角色所应有的权利。与此同时，私有经济在这一时期也得到了很大发展，个体经营者、合伙制企业、股份制企业、上市公司纷纷出现，再加上大量外资的涌入，使得雇主的形式变得多样化。随着改革开放的逐步深化，我国的市场经济迅猛发展，劳动关系也逐步走向市场化。如今，特别是在私营企业和外资企业中，企业的用工和工资收入完全按照市场化运作，通过劳动合同确定企业和个人之间的关系，从而出现了大量的劳动关系，使我国逐渐又出现了雇主和雇员的概念。

我国非公有制经济的企业主和经营者已构成具有典型市场经济法律特征的雇主。在国有企业中，国家通过改革将企业经营权下放给企业，使其具有自主用人的权利。同时随着生产要素分配方式的确定和经营者年薪制的实行，经营者开始参与企业利润分配，行使雇主的职权并享有雇主的经济待遇。

第二节　雇主组织

雇主组织随着资本主义劳动关系的兴起而产生，并随着资本主义的发展而不断的强大。从刚开始的同业公会或者地区联盟到后来的国际性垄断组织以及国际性雇主组织，雇主组织经历了由弱到强的三个世纪，并影响到了今日的世界劳动格局。

一、雇主组织的发展

1. 雇主组织的产生阶段（18 世纪末期至 19 世纪中期）

最早的雇主组织产生于 18 世纪末期：随着资本主义的出现以及劳工运动的发展，雇主们认识到，为了对付联合起来的工人，自己也必须联合起来。这样，第一批雇主组织便在当时劳工问题最为突出，同时也是资本化程度最高的采煤业和盐业中发展起来，如 1817 年英国盐商的“改进贸易的联合会”①。它们的主要目的是压制工人运动和降低工资，提供情报，统一雇主的报酬。当雇主们商量着如何对付工会的时候，他们意识到他们的联合不是只能和工会抗争，还可以垄断市场，获取更高的利润空间。于是，更多的以垄断市场为目的的雇主组织建立起来，1820 年左右英国泰晤士河以及东英格兰的造船业和船运业联合会就是一个例子，而另一个例子则是 1771 年英国北部海运煤的“产销限制”联合会。②

但总的来说，这一阶段的雇主组织只是一个很松散的雇主联盟，以地区为其组织和活动的范围。组织的作用更多的在于交换情报，确立产量限制条款和处理劳工问题。即便具有这些功能，这一阶段却鲜有长期的稳固的雇主组织，原因在于雇主的阶级意识还没形成，总是不太愿意接受所谓的为了保持稳定的高价而制定的产量限制。雇主们更在乎个人盈利的多少而不是市场价格的高低。

2. 雇主组织的国家化阶段（19 世纪中期至 19 世纪末期）

随着工业化于 19 世纪在英国的完成以及在欧洲大陆的传播，各国的雇主组织受到了新的强有力的挑战，其中最重要的一点就是此起彼伏的工人运动。此时的工人阶级意识已经觉醒（主要指欧洲的工人），渐渐成了欧洲革命的主力。首先是各国政府再也无法低估工会的力量，工人阶级已经开始影响到政治进程。其次便是国际市场的发展即全球化。区域性质的原料或者产品垄断已经不再起作用。雇主们在这些挑战下渐渐形成了自己的阶级意识，也意识到联合的重要性，于是一批全国性的雇主组织开始出现。这些雇主组织主要是全国性的同业公会，但也有国际性的雇主组织（如 1883 年英德比钢轨制造厂联合成立的“钢轨制造商联合会”，其垄断了国际市场钢轨产量的 90%③）。这个阶段的雇主组织主要有两个功能：一为联合起来垄断市场。二为处理工资和工时问题，共同反对工会。但需要注意的是，虽说是以垄断市场为目的，但雇主们鲜有生产业务上的联系，更多的是设定最低价格，以保证利润。同时，雇主们对待工会的态度也纯粹是“防御性的”，即主要通过统一行业工时和工资来应付工会，而不是通过政治手段。同时，大部分的雇主组织对于雇主并无强制约束力。

3. 雇主组织的政治化阶段（19 世纪末期至 20 世纪中期）

19 世纪末，国际市场进一步发展，全球化的市场已经初步形成。可是与之对应

① 克拉彭．现代英国经济史：上册．北京：商务印书馆，1964：256.
② 克拉彭．现代英国经济史：上册．北京：商务印书馆，1964：258.
③ 克拉彭．现代英国经济史：中册．北京：商务印书馆，1964：200.

的是由欧洲新兴国家崛起而引发的欧洲大国之间的关税战和对海外市场的争夺，如1888—1889年法国和意大利之间、1879—1894年俄国和德国之间均爆发了关税战。[①]国家之间的竞争以及关税战让国际性的雇主组织难以为继，而国内的同业公会也受到来自其他公会和国外竞争者越来越大的压力。这些压力迫使雇主组织展开了一系列改革，包括：（1）强化政治影响，利用政府和立法压制其他公会以及争夺国外市场；（2）强化产业间联合，组建大型的跨行业的垄断集团，以达到保证垄断及能够平衡日益强大的公会力量。所以，19世纪末的雇主组织以及雇主之间开展了一次大规模的联合和兼并活动，大企业也随之崛起。小型的地区性质的雇主组织已经很难有所作为，大型的雇主联合（如卡特尔和康采恩）或者超大型企业（如辛迪加和托拉斯）出现。由于辛迪加和托拉斯不属于雇主联合，这里主要通过介绍康采恩来了解这个阶段雇主组织的特征。

康采恩由不同经济部门的许多企业联合组成，包括工业企业、贸易公司、银行、运输公司和保险公司等；旨在垄断销售市场、争夺原料产地和投资场所，以获取高额垄断利润。参加康采恩的企业形式上保持独立，实际上受其中占统治地位的资本家集团（一般是大银行资本家）通过参与制实施的控制。这个阶段最大的特点在于工业资本和银行资本的联合，也不再以行业为单位了。这样的雇主集团，既能有更多的筹码和工会谈判，也能通过其雄厚的资本影响国家的决策以及立法。不仅如此，“一战”“二战”期间，各国的雇主组织都采取和政府合作的方式，比如和工会暂时“停战”以及大力支持政府的战争行为甚至参与战争以获取利润（如德国的容克集团和日本的财阀），获取政府对自己的承认和支持。总而言之，这个阶段的雇主已经认识到了政治过程对于处理劳工问题和争夺市场所起到的作用，纷纷联合起来，用其强大的资本去控制国家政治。

4. 雇主组织的国际化阶段（20世纪中期至今）

在“二战”结束后，虽然欧洲的工业遭到极大的破坏，雇主组织的许多成员也遭到了重大的损失，但是随着全球经济复苏，各国的雇主组织也开始恢复到战前的力量。不过这时候西方国家兴起了一系列工人运动和社会运动即新左派运动。工人及中产阶级在政治上的兴起逼迫政府完善反垄断和劳工立法。同时，在这一阶段内，资本主义全球市场也最终形成，资本在全球范围内开始大规模地流动。所以，这时候全球的投资环境被分为两大块：一是法律完善、工人觉醒和工资较高但工人技能较高的发达国家，二是法律不完善、工人觉醒低、工资较低但工人技能差的发展中国家。各国雇主面对新形势，作出了不同的选择：有的选择留在发达国家，通过和工会谈判来保

---

① 斯塔夫里阿诺斯．全球通史：下册．北京：北京大学出版社，2006：644.

证自己的利益；有的则将工厂迁移到了发展中国家，利用当地的低劳工成本来获取利润。这个新情况对于雇主组织来说是一种机遇也是一种挑战，面对这些情况，雇主组织作出了一系列的变革。在发达国家，为了和工会作斗争，雇主组织采取了跨行业联合的方式，一批国家性的雇主组织出现（如德国雇主协会总会，成立于 1947 年）。而在发展中国家，由于劳工运动处于低谷，垄断市场性的协议会给企业形象造成负面影响，这些地区的雇主组织，特别是没有很大影响力的小型组织的主要作用变成为企业提供各种信息。所以，在西方发达国家，行业性质的雇主组织减少，而全国性质的雇主组织则变多。同时，一批新兴的雇主组织出现在发展中国家。

从国际来看，这时候的国际性雇主组织也分为了两大块：第一块是为了给各国雇主提供交流平台以及反对国际劳工组织的国际雇主组织。这个组织的特点在于它通常代表着全球视野里面的资方来和劳方谈判，而它的会员多为各国的全国性雇主组织。第二块则为国际性垄断组织，如石油输出国组织（OPEC）和国际铝土协会（IBA）。不过这样的国际性垄断组织（或称为国际卡特尔）多半都有政府的支持，其是否还能算雇主组织，还有待商榷。

如果抛开国际性垄断组织的话，可以说，这个阶段的雇主组织主要的目的，又回到了这个组织成立的初衷——反对工会这一点上。作为资方的代表，雇主组织积极地和劳方谈判并以自己的实力去向政府施加影响。

二、雇主组织的形式、结构、作用

1. 雇主组织的形式和结构

雇主组织的形式主要有四种类型：（1）全国性联合会，由全国各个地区和各个行业的雇主和雇主协会组成，负责在国家层面广泛代表雇主利益，影响和制定有关劳动关系的各项国家政策，处理国家层面劳资关系的事务。（2）地区协会，由某一地区的雇主及雇主组织组成，主要维护本地区企业、企业家（雇主）的合法权益，经常代表雇主参加地区劳动关系三方协调机制。（3）行业协会，由某一行业的企业组成的单一产业的全国性的雇主协会。它是雇主组织中最重要的一种形式，不但代表行业内企业与行业工会进行集体协商，而且经常扮演行业管理的角色。（4）专业协会，由具体的某个行业特定部门组成，例如，英国的印刷行业中，不仅有英国印刷产业联合会，还有报业协会（the Newspaper Society）以及出版商协会（the Publishers' Association）。[①]

雇主组织的机构一般具有以下特征：第一，完善的章程和制度。一个独立的雇主

① 董福荣．劳动关系．大连：东北财经大学出版社，2009：51.

组织要有较为完善的章程和制度，对组织的宗旨和任务、近期和长期目标，服务对象、服务内容、市场发展，以及参与社会对话等内容作出规定。第二，年度会议和临时会议制度。雇主组织应当有年度会议和针对专门问题的临时会议制度，通过雇主组织年会选举产生理事会，并对组织的年度计划进行审议，明确和完善组织职能；同时，还可以就某些重大事项或专门问题召开临时会议。第三，发挥理事会成员的作用。会长对组织的发展有很大影响，作为组织的最高领导，会长应该善于与企业沟通，有较高的权威性，能够激励工作人员。理事会中财务领导的角色非常关键，他应该具有诚实的品格，有良好的个人信用。理事会中的审计长要严格执行审计制度，监督组织的经费使用。其他理事会成员必须在各自主管的领域内积极发挥领导作用。第四，发挥秘书长和部门领导的作用。秘书长和部门领导在工作层面发挥着重要的作用，他们必须有明确的职权分工，并定期向理事会汇报工作。第五，建立健全的财务管理体系。会费管理是雇主组织可持续发展的关键。良好的会费管理和使用体系可以保证组织吸引更多的新会员，创造更多的盈利机会。同时，雇主组织还要建立合法和合理的税务结构。要定期向理事会报告财务状况。财务管理体系在组织内部要有较高的权威性。第六，雇主组织内应当建立更多的专门委员会，并且具有较高的权威性。①

2. 雇主组织的主要作用

雇主组织最主要的作用是在劳动关系中代表雇主方的利益。但随着经济发展和社会进步，其内容和方式也在不断变化。随着经济发展与劳动关系趋向规范化和法制化，雇主组织的作用转向以立法参与和为会员提供所需要的服务为重点。基于雇主组织代表雇主利益，促进其成员发展的根本目标，可以把雇主组织的主要作用归纳为以下四个方面：

第一，代表雇主与工会集体协商。雇主组织在集体协商中充当的角色可以分为两种：一种是作为集体协商的主体，与同级工会直接进行集体协商，并签订集体协议，协调劳动关系。另一种是协助组织会员进行集体协商（一般是国家级的雇主组织）。②签订的集体协议主要分为三种类型：（1）最低标准协议，只规定全国性的最低标准，包括最低工资、最低加班工资、最低假期等。会员企业在最低标准的基础上，可自行与工会进行集体协商。（2）综合性协议，直接代表雇主与工会集体协商，直接规定会员企业支付的工资率和其他具体工作条件。（3）不完全协议，是前两种协议的综合，

① 中企联．国际雇主组织的职能和作用．企业经济，2005（5）．

② 李琪．产业关系概论．北京：中国劳动社会保障出版社，2008．

会规定最低原则以及具体的工作条件。

第二，参与立法和政策制定。雇主组织在参与劳动立法和政策制定方面正发挥着越来越重要的作用，这主要体现在国家级雇主组织中。这种作用一般是通过在有关立法机关中吸收雇主组织代表参加来实现，也有的国家的雇主组织通过扮演游说角色来影响政府在立法和政策制定中的立场。雇主组织常常游说政府通过和制定有利于会员企业的经济政策以及产业关系政策，常常参与具体的工资政策以及价格政策的制定过程。同时雇主组织还常常扮演监督会员企业执行国家政策的角色。

第三，为雇主提供服务。雇主组织提供的服务主要有四个方面：（1）劳资关系方面的咨询。雇主组织中设有各种专家委员会处理劳资关系方面的事务，会员企业可以就一些劳资关系的问题向专家们咨询。（2）劳资关系的研究和出版。雇主组织下设的专业委员会中包括一些劳资关系研究部门，通过研究部门的研究，出版一些相关刊物，为其会员企业提供劳资关系方面的最前沿资讯。（3）培训。通过雇主组织的培训委员会为会员企业提供员工培训服务，培训服务大多集中在劳动关系处理方面，包括劳动法律、集体协商、制定工资政策。（4）法律服务。根据某些国家的劳动关系仲裁审判程序，雇主打官司要通过雇主组织接受仲裁或出庭等程序。雇主组织的法律服务委员会中有专业律师，能为其成员提供法律服务。①

第四，帮助雇主解决劳资纠纷。当隶属于某一雇主组织的雇主与劳动者发生劳资纠纷时，其可以求助于雇主组织，咨询如何解决纠纷。雇主组织下设的专业委员会的专家为雇主提供纠纷解决建议。如果劳资纠纷需要进行仲裁，可以由雇主组织出面与劳动者进行仲裁；甚至，劳资纠纷需要上诉到法院时，雇主组织也可以代表雇主出面进行诉讼程序。现在，一旦出现劳资纠纷，很多雇主很愿意请雇主组织作为代表出面，其原因有两个方面的：一方面，雇主组织拥有很多专业资源，比如专业劳资关系专家、律师等；另一方面，可以避免企业的形象被破坏。

三、国外的雇主组织

1. 国际雇主组织②

国际雇主组织（International Organization of Employers，IOE），是在国际上代表劳动和社会政策领域内商业利益的唯一组织。该组织成立于 1920 年，并与国际劳工组织同时发展。几乎所有的雇主和雇主组织方面的活动，都由国际雇主组织来

① 中国企业联合会代表团．为企业服务是雇主组织的根本任务．中国企业报，2006－08－17.

② 参见国际雇主组织官方网站，http：//www. ioe-emp. org。

组织。截止到 2020 年，它的成员包括来自世界 150 个国家的雇主组织。

国际雇主组织的使命是维护国际论坛上雇主方的利益，促进雇主组织的发展。根据这一目标，国际雇主组织有三个主要任务：（1）代表雇主方立场并维护各国雇主的共同利益。国际雇主组织是国际上唯一代表雇主利益的组织，因此，国际雇主组织有必要在国际层面与工会开展对话，在国际论坛中代表雇主方的立场。并且，由于各个国家雇主的利益会存在差异，国际雇主组织应该协调各方差异，尽量维护各国雇主的共同利益。（2）促进各国的雇主组织发展。国际雇主组织应充分发挥其全球网络作用，发展各国的相关组织，以便于服务各个地区的雇主会员，同时，也可以促进各国的雇主组织的发展。（3）建立各国雇主组织间的合作交流机制。国际雇主组织可从其全球的会员中收集信息，以汇集各个国家雇主组织的前沿信息、资讯，从而更好地服务各国雇主组织。作为各国家的雇主组织的沟通桥梁，国际雇主组织应该促进各国雇主组织间的合作交流。

2. 英国工业总会[①]

英国最大的雇主协会是英国工业总会（Confederation of British Industry，CBI），于 1965 年由皇室特许成立。该协会由英国雇主联合会和英国产业联合会以及英国制造业主全国联合会合并而成，合并的目的在于对付日益增长的英国总工会的力量。协会已有超过 20 万的会员，这些会员中包括了 4 500 个企业组织，以及 200 个雇主协会和行业协会，几乎覆盖了所有行业。CBI 的主要任务有两个方面：（1）代表雇主方影响政府、决策者和立法者制定各种相关政策；（2）为会员提供各个方面的服务，促进英国企业及雇主组织的发展。CBI 的管理机构是由总裁主持的委员会，每年开 9 次会议。委员会下设 22 个专业委员会，CBI 的相关决策均有专业委员会资深专业人士直接参与。

3. 德国雇主联合会

德国雇主联合会（Bundesvereinigung der Deutschen Arbeitgeberverbande，BDA）是德国最大的雇主协会，包括了除钢铁产业外的其他所有私营产业部门的雇主组织。BDA 由 17 个省协会和 46 个全国性产业协会组成，有 400 多个地方公会。BDA 并不直接与工会进行集体协商，但它有调节的作用，它的根本任务是在政府、公共组织和国际组织面前代表德国雇主的利益。BDA 的主要机构有管理委员会和常务委员会。其中，管理委员会是 BAD 的最高决策机构，委员会的委员一般由大企业的高级管理

---

① 参见英国工业总会官方网站，http：//www. cbi. org. uk。

人员组成。常务委员会则主要实施管理委员会决定的政策、事项等，是 BAD 进行日常活动的主要机构。另外，BDA 下设 20 多个专业委员会管理诸如工资政策、劳动法、劳工培训、欧洲一体化中的劳工政策等方面的问题。

4. 美国商会①

成立于 1912 年的美国商会（the U. S. Chamber's of Commerce）是全美最大的商业组织，总部在华盛顿。它是一个非官方的完全独立和完全靠会费运行的组织。美国商会代表近 300 万家公司、2 800 个州和地方商会、830 个商业组织和 102 个海外美国商会。它的会员公司中既有世界 500 强企业，也有个人企业，96%的是雇员总数在 100 人以下的小公司。近百年来，美国商会一直扮演美国企业代言人的角色，并有四项重要职能：(1) 与政府沟通。美国商会利用靠近政府、贴近会员的特殊地位，密切关注立法和政策信息，根据会员的需要，游说国会和政府，反映会员的要求，提供相关说明资料，使新出台的法规、政策对会员有利。(2) 信息交流。为会员提供市场信息、技术信息、社会和政府情报及信息等，其中市场信息包括各类经济、供求、金融信息。(3) 协调，包括协调政府与企业之间、企业与消费者之间、行业组织内部的各种关系。(4) 帮助会员开拓国外市场。美国商会经常向会员单位介绍国际经商与投资环境，组织专题报告会，帮助会员企业“走出去”。

5. 日本经济团体联合会

日本经济团体联合会（Nippon Keidanren，以下简称日本经团联）是日本经济界最具影响力的雇主组织，是 2002 年 5 月由经团连与日经连合并而成的综合经济团体。共有 1 662 家公司或团体入会，其中包括日本企业 1 343 家，制造业、服务业等主要行业的全国性团体 130 家，地方经济团体 47 家。日本经团联的使命是，努力实现民主、自律的经济社会，不断提高企业的附加值和创造力，提高个人和地区的经济活力，促进日本经济及世界经济的发展。日本经团联通过各专业委员会与政府、政党及其他关联机构沟通并对其相关决策提出建议，同时与政府机关、工会及包括市民在内的利益相关者进行对话。日本经团联还与各国政府、经济团体和国际机构合作，开展国家间的相关问题交流、讨论并提出解决方法。

四、中国的雇主组织

中国的雇主组织拥有不同的形态功能和不同的法律地位。中国企业联合会在 2003

---

① 参见美国商会官方网站，http：//www.uschamber.com。

年加入国际雇主组织后，并作为中国雇主组织的唯一合法代表与人力资源和社会保障部、中华全国总工会一道，组成我国“三方代表团”出席国际劳工大会，参与有关国际劳工标准、国际劳工公约的制定及修订工作，在国际上维护中国企业和企业家的利益。除此之外，《中国企业联合会、中国企业家协会章程》规定：中国企业联合会、中国企业家协会“维护企业、企业家（雇主）的合法权益，代表企业、企业家（雇主）协调劳动关系；指导各地区、各行业企业联合会、企业家协会建立健全‘三方机制’和参加劳动关系协调工作”。“本会作为国际雇主组织的中国唯一代表，积极参加国际劳工组织和国际雇主组织有关活动，发展与其他国家雇主组织及国际机构的交流与合作。”①

除了中国企业联合会，中华全国工商业联合会也是中国重要的雇主组织。作为党和政府联系非公有制经济人士的桥梁和纽带，中华全国工商业联合会更具有民间性和经济性的社团特征，更能代表雇主自上而下地进行利益维护，向政府传递雇主的呼声和诉求，因此中华全国工商业联合会建立了比中国企业联合会更庞大也更完善的从中央到基层的组织体系，是中国最具影响力的雇主组织。除此之外，中国目前还广泛存在一些由企业需求而自发形成的民间雇主组织，如各种民间商会、行业协会以及非公联合会等。

目前，中国的雇主组织的实际运行还存在诸多问题：其一，缺少法律层面的认定和规范。中国目前尚没有一部专门的法律法规，能够对雇主组织的职能和运作方式作出明确、详细的规定。这样看来，雇主组织处在一个合法存在但具体运作无法可依的尴尬境地。其二，与强有力的中央级工会组织相比，雇主组织在其代表性和会员数量方面要弱得多。尽管中国企业联合会在加强组织能力以代表各类雇主方面作了巨大努力，但企业经理人仍倾向于把中国企业联合会看作是与政府接触配合的可利用的渠道，而不是劳动关系领域内的雇主代表。中国企业联合会在代表雇主利益，尤其是非国有企业雇主利益方面的薄弱基础，是限制劳动关系和谐发展的重要因素。与工会自上而下形成的比较鲜明的组织体系不同，雇主组织在许多区县一级并没有相应的分支机构。②

第三节　人力资源管理与劳动关系

由于工业化国家劳动关系规制日益加强以及工会力量的不断壮大，对企业管理形

① 《中国企业联合会、中国企业家协会章程（修正案）》（2003 年 9 月 15 日）。

② 程延园．集体谈判制度研究．北京：中国人民大学出版社，2004.

成很强的约束，企业雇主也付出了很高的代价。企业开始寻求一种更为经济同时能够激发劳动者积极性的管理方式，加之员工的素质不断提高，于是出现了人力资源管理模式。人力资源管理在市场经济国家得到了快速发展，以人力资源管理代替工会，以员工关系代替劳动关系成为这些国家的企业避开工会、减少对抗损失、保持其灵活竞争力的一种重要竞争手段。[①] 可以说，人力资源管理已经演变成了一种企业管理趋势，并对劳动关系产生了巨大的影响。

一、人力资源管理的理念

随着组织雇用人数不断增加，为了更好地对员工进行管理，需要一套雇佣管理程序来进行职业化的管理。这种管理包括员工招聘、培训开发、薪酬福利、绩效管理等专业技术和方法，用以提升员工的满意度和忠诚度，进而形成员工与企业的伙伴关系。我们把这种管理统称为“人力资源管理”。人力资源管理来源于国外先进企业的“最佳实践”(Best Practice)，它对传统雇佣管理进行了改革和提升，更加强调员工对企业的价值，更加重视“人本主义”的管理实践。它与传统“人事管理”的不同之处在于：人事管理是存在于大部分企业中低层次的管理活动，而人力资源管理是先进企业为了获取长期竞争优势的主动战略选择。

1.“以人为本”的核心价值

人力资源管理的理念基石建立在“社会人”的假设上。著名的“霍桑实验”证明，生产效率的高低主要取决于员工的积极性的高低，而员工积极性的高低又取决于员工的家庭和社会生活质量的好坏，取决于企业中人与人关系的和谐程度。因此，管理的重点应当放在注重提升员工的满足感，注重倾听员工的意见，经常保持与员工沟通渠道的畅通和便捷，使员工在经济需要与社会需要之间取得平衡。人力资源管理理念在此基础上进一步认为，提升工作积极性，除了金钱刺激，人们之间的友情、安全感、归属感等社会心理欲望的满足也至关重要，而满足员工的社会欲望和提高士气，又是提高生产效率的关键。因此，围绕员工的满足感带来的企业绩效提升，人力资源管理形成了自身的核心价值观：以人为本，尊重人、关心人、激励人、发展人，尊重人的权利，激发人的内在热情，满足人的合理需要，促进人的全面发展。[②]

---

① William B. Gould Ⅳ. A primer on American labor law. Cambridge：MIT Press，2004.

② 祁亚辉．从科学管理到人本管理：兼论人本主义在管理理论发展中的地位．社会科学论坛，2005（2）.

2. 员工与企业共成长的管理机制

人力资源管理机制致力于建立企业与员工的心理契约：企业在构建心理契约时，以自身的人力资源和个人需求结构为基础，用一定的激励方法和管理手段来满足、对应和引导员工的心理需求，推动员工以相应的工作行为作为回报，并根据员工的反应在激励上作出适当的调整；员工则依据个人期望和企业的愿景目标，调整自己的心理需求，确定自己对企业的关系定位，结合企业发展目标和自身特点设定自己的职业生涯规划，并因此决定自己的工作绩效和达成与企业的共识。因此，人力资源管理机制结合了组织需求和个人发展需要，把诸如领导关系、文化、交流、沟通等“软”要素和人员挑选、工作设计、目标设置与绩效管理等“硬”要素融合起来，并起到保证组织产出和组织稳定的作用。① 不仅如此，人力资源管理还强调员工参与管理，具体形式包括目标管理、质量圈、员工持股计划、沟通会、职工代表大会、工人董事和工人监事制度等。通过员工对企业经营过程的参与来调动员工的积极性、主动性和创造性，将员工融入企业中，使其成为企业的主人。

3. 强调良好沟通的员工关系管理体系

越来越多的企业不仅把“以客户为中心”作为企业经营发展的基础，同时也更多地把企业自己的员工当作企业的内部客户，予以充分重视和特别关照，并建立员工关系管理体系进行专职管理。员工关系管理体系强调企业与员工之间的沟通管理，这种沟通更多采用柔性的、激励性的、非强制性的手段，以提高员工满意度，支持企业目标的实现。不仅如此，企业还会通过各级管理人员，通过具体的人力资源政策和管理行为，来调节企业与员工、员工与员工之间的相互联系和影响，以实现组织目标。具体的政策包括员工职业生涯顾问、工作场所安全和健康、员工援助计划、员工参与等。总之，员工关系管理体系的最高目标应该是“让员工除了把所有精神放在工作上之外没有其他后顾之忧”②。

因此，人力资源管理抛弃了把员工当作“经济人”假设的方式，有别于强调程序和控制的传统人事管理，把关心员工和培养员工置于管理的中心位置，提升员工满意度并同时激发员工的使命感，从而最终实现员工与企业的共同成长（见表 5 - 1）。

---

① 杨体仁，李丽林．市场经济国家劳动关系：理论．制度．政策．北京：中国劳动社会保障出版社，2000：31.

② 程延园．员工关系管理．上海：复旦大学出版社，2004：30 - 40.

表 5-1　人事管理和人力资源管理的区别

比较项目	人事管理	人力资源管理
管理视角	视员工为成本、负债	视员工为第一资源、资产
管理目的	保障组织短期目标的实现	生产效益＋员工需要满足、保障组织长远利益
管理活动	重使用、轻开发	非常重视开发/（建立培训机构）
管理内容	简单/行政事务、管理档案、工资发放	极其丰富
管理地位	执行层/技术含量低、无须特殊专长	战略决策层
部门性质	非生产效益部门	生产效益部门/开发结果—投入大于产出、成本节约
管理模式	以事为中心	以人为中心
对待员工	命令式、独裁式，控制	强调尊重、民主，参与、透明
性质变化	战术性、业务性	战略性、整体性、主动性

资料来源：Eugene Mckenna，and Nic Beech. Human resource management. Prentice Hall，1997：8-9。

二、人力资源管理与劳动关系的比较

人力资源管理的发展对劳动关系产生了重要影响，无工会组织（nonunion）开始大量产生。这些组织中的高层管理人员倾向于制定先进的人力资源政策：内部晋升、建立有影响力的人事或人力资源管理部门、提供高于平均水平的工资和福利。这些政策反过来又导致了一系列理想结果的出现，其中包括灵活性增强、雇员的工作态度积极、雇员更富有责任感和忠诚感，而这些结果最终又会导致生产率的提高和员工关系的进一步改善。也就是说，雇主试图通过自行向雇员提供原来工会所能提供的大多数好处来避免工会的出现，而同时仍然保持相对于竞争对手的竞争优势。

在人力资源管理的影响下，工作场所中的劳资关系正在总体上出现一种向敌对性质不那么强烈的方向转变的趋势（至少在那些工会的角色已经被资方接受的企业中情况是如此）。同时，单一工会（不受行业工会领导）和不罢工协议的产生，也代表了工会更加合作的倾向，这在一定程度上，也是积极的人力资源管理政策影响的结果。然而即便如此，人力资源管理与劳动关系还是存在本质不同。“对于劳工方和资方来说，大家一同把蛋糕做大，然后再为如何分蛋糕打上一仗，是一种无与伦比的完美逻辑”①。虽然劳动关系和人力资源管理相互影响，并有强调团队合作、重视人的因素等相同点，但这不能模糊对劳动关系双方利益看法的不同视角（参见表 5-2、表 5-3）。

① Aaron Bernstein. Look who is pushing productivity business week，1997（4）.

表 5-2 人力资源管理和劳动关系关注点的异同

异同	人力资源管理	劳动关系
相同点	（1）集中在雇佣和工作场所问题上。 （2）关注管理人员、工会及政府政策。 （3）认识到劳动的人性。	（4）寻求积极的总体解决劳动问题的方法。 （5）被大量应用，是多学科研究的领域。 （6）有规范性的盲点
不同点	强调由雇主解决劳动问题	强调由工人和工会来解决问题
	主要采用“内在的”视角看待雇佣问题	主要采用“外部的”的视角看待雇佣问题
	主要目标是组织的效率/效益	目标是把组织的效率/效益与员工的福利结合起来
	采用“工具性”的方法来提高雇员的利益	把雇员的利益视为一个更为重要的独立的最终目标
	集中于在雇主和雇员之间建立一个利益共同体	主要考虑利益冲突问题
	把管理人员的权力看作为实现组织效率/效益所必需的	假设管理人员的权力是需要审查和制衡的
	假设冲突不是不可避免的，并且可以通过管理减少冲突	认为冲突是不可避免的，并且需要第三方的干预
	视管理人员为积极的管理成果的主要贡献者，工会和政府只是偶尔需要，而且经常会对管理造成限制	同样视管理人员为管理成果的主要贡献者，但是只有在强大的工会和政府立法的辅助下才起作用

资料来源：Kaufman，Bruce E.. Human resources and industrial relation. Human resource management review，2001（10）：339-374.

表 5-3 人力资源管理和劳动关系研究的不同维度

维度	人力资源管理	劳动关系研究
劳动关系的概念	一元的	多元的
信任、立法和冲突问题	小的管理问题	劳动关系的基本问题
实质性的焦点	组织绩效	社会效益
理论方向	普遍性的	偶发性的
工会的重要性	较小	很大
政府的作用	很小	很大
对机构差异的关注	很小	很大

资料来源：Delaney，John T.，Godard，John. An industrial relations perspective on the high-performance paradigm. Human resource management review（Winter）2001：395。

从表 5-2 和表 5-3 看出人力资源管理还是在以一元的视角研究劳动关系，尽管认识到雇员与雇主在利益上的分歧，但并不强调这些分歧内在的冲突性，并且主要研究个人和小组水平的劳动关系，较少关注工会和集体协商的作用。所以有学者指出，人力资源管理战略并不是向上强化在高层管理决策中“人”的因素，而是向下发展，强调人力资源（人）应当符合组织的需要——“完全让雇员认可组织的目标和价值观——雇员参与，但是按照公司的条件参与”；并且怀疑这样做是在劳资之间创立了一种新型的、平等的伙伴关系，还是在亲密关系掩饰下强化对雇员的控制。

而劳动关系认为：应使组织成员在一种共同目标意识下工作，但也必须考虑到，所有组织都是一个多元的实体，在这个实体中，不同的人有不同的利益和不同的关注点，需要成立某种集团来保持自己的利益。虽然劳动力市场供求关系可以平衡双方的力量，教育水平的提高也可以增加他们的谈判筹码，但个人在谈判中的力量绝对处于劣势。因此雇员必须联合起来，与资方进行集体协商。这样就可以把眼光放在更广的经济与社会角度来解决劳资双方的冲突。①

三、中国人力资源管理与劳动者权益保护

中国人力资源管理的发展虽然借鉴了西方的经验，却有着与西方完全不同的发展路径。西方人力资源管理兴起的基础在于西方工会体制的强大。为了与工会争夺工人，保持企业的灵活竞争力，人力资源管理在传统人事管理的基础上，着重突出开发培训、激励和职业生涯等员工导向功能，并致力构建良性互动的员工和企业之间的心理契约，营造企业和员工相互信任、共同发展的企业氛围，同时建立起以员工为本的劳动关系管理体系。这种柔性的人力资源管理策略帮助企业争取到了员工，并对西方产业关系造成重大影响，直接导致工会密度的不断下降。然而，中国的情况相反：我国 20 世纪在 80 年代引进西方的人力资源管理理念和技术时，劳资关系问题尚没有成为企业和社会的基本问题，中国工会与西方工会的作用也完全不同。人力资源管理的引入并非来自劳动关系体制的压力，这使企业不具备劳动关系的预防和处理功能，并导致人力资源管理演变成为管理技术，并带来了劳动者权益保障的问题。

1. 劳动分工的过量普及

随着我国各类企业组织形式的兴起，劳动分工形成的批量生产模式成为最主要的生产状态，这样可以使单位成本迅速下降、产品价格显著降低。劳动分工即把制造产品的各个过程划分为由不同工人完成的许多工序。劳动力成为商品后，劳动力的使用

---

① Kaufman, B. E. Human resources and industrial relation. Human resource management review, 2001 (10): 339 - 374.

就不再按照出卖者的需要和愿望来安排，而是按照购买者的需要来安排。这些购买者特别关心且永远关心的事情就是降低这种商品的价格。最常见的降低劳动力价格的方法就是把劳动力分解为组成它的最简单的成分，让劳动过程中的每个步骤都尽可能地脱离专门知识和专门训练，都变为简单的劳动。这样，“在完成了这个过程之后，工人就再也不是一个手艺人，而只是管理者的一个活的工具”①。因此，在劳动分工体系下，体力劳动和简单劳动的特征日趋明显，重复劳动导致工人身心疲惫。就连亚当·斯密也认识到了劳动分工对工人的不利影响：“一个人如（果）把他一生全消磨于少数单纯的操作，他就不再努力，而变成最愚昧无知的人。他对自身特定职业所掌握的熟练技巧，是以牺牲智力、交际能力和尚武品德为代价的”②。

2. 工时研究和变快的流水线速度

人力资源管理技术体系的核心在于工作分析，工作分析决定岗位的具体工作内容以及具备什么样条件的员工可以从事这个工作。而一个岗位具体做什么并不是由员工主观决定的，而是由雇主通过工时研究来确定的。科学管理之父泰勒是工时研究的鼻祖，他明确了工时研究的概念：“工时研究，顾名思义，就是对完成一件工作应该用的时间进行精心的研究，而不是对完成工作的实际时间进行研究”。工时研究将每一件工作分成尽可能多的简单的基本动作，然后把无用的动作去掉，并且通过对最熟练工人的每一个操作动作的观察，选择出每一个基本动作的最快和最好的方法，并且把每一个动作的时间测量记录下来，并把这些时间加起来，再加上必要的休息时间和其他延误时间，就得出完成该项工作所需要的总时间，据此制定出一个岗位的“合理的工作量”③。

工时的确定是以最熟练工人的操作为标准的，雇主也常常以此标准设定流水线的速度，流水线同时把各个岗位的工时进行了联通。这种情形下会出现几个方面的员工利益受损状况：其一，熟练工人的标准成为所有工人的标准。为了能跟上流水线速度，工人必须不断地学习和培训，甚至要投入自己的业余生活时间，始终存在一种紧迫感。其二，流水线的不停转动决定了各岗位之间的工时必须“无缝连接”，如果某一个岗位的工时跟不上，就会造成整个流水线的停转，从而形成了一种整体压迫感，各岗位之间形成相互制约。其三，熟练工人的标准并不是一成不变的，而是逐年提高的，也就是说，流水线的速度也是逐年提高的，工人在一定工作时间内需要生产出更多的产品。这种“温水煮青蛙”的方法，让工人们始终心力交瘁。

---

① Braverman. Labor and monopoly capital: The degradation of work in the twentieth century. New York: Monthly Review Press, 1974: 30 - 35.

② Adam Smith. An inquiry into the nature and causes of the wealth of nations. Liberty fund, 1986: 89.

③ 泰罗．科学管理原理．胡隆昶，译．北京：中国社会科学出版社，1984：35 - 50.

3. 加班为王的薪酬体系

薪酬体系是整个人力资源管理技术体系的核心，薪酬的目的在于让员工获取与其贡献价值匹配的工资收入，同时激励员工不断为企业创造更多的价值。所以我们常常看到企业的薪酬体系中一般包括两块：基本工资和绩效工资。前者一般根据岗位所在劳动力市场行情确定，是员工入职的保障性固定工资，而后者则是根据员工绩效好坏给予的浮动工资，也称为奖金。然而，众多中国企业的薪酬体系正在进行本土化改造，同样分为两块：最低工资和加班工资。政府规定的最低工资标准是以那些效益较差的企业为参照的带有救济特征的工资水平，然而这些企业把最低工资标准当成了岗位工资标准，堂而皇之地以此标准招聘、解雇以及上缴各类社会保险。显然，最低工资只是基于生存水平的，而要想获得更多的收入必须加班，工人们必须把自己的工作时间从 8 小时延长到 12 小时甚至更长，而雇主们常常设计出累进加班工资率，即加班时间越长，工资收入更多，以鼓励超长加班。加班为王的薪酬体系已经深入工人们的心中，他们也习以为常，突破自己的体力极限来获取工资收入，使加班费在工人工资总收入中已然成为绝对主体，以致雇主要想辞退工人只需不让其加班。

4. 过于严苛的规章制度

企业制度是企业制定出来用以规范员工行为的一系列强制措施，它包括管理制度、人事制度、生产制度以及财务制度等。这些制度为企业员工的各种经常性行为提供了具体的规范，是企业保持有序运转的基本保障。企业制度在人力资源管理技术体系中居于中心位置，为了维护企业制度的严肃性，企业对于任何违反制度的行为都会给予相应的惩处。然而，企业的规章制度都是雇主一方制定的，尽管员工们有与雇主自由签约的权利，但由于谈判力量的不对等以及就业机会的稀缺，很容易出现规章制度严苛化的倾向，员工们必须接受工作场所中许多专横和不合情理的管理制度。这些严苛的制度使员工始终处于超负荷工作状态中，身体健康受到严重损伤。不仅如此，员工精神状态也高度紧张，常年背负巨大的精神压力，直至出现极大的心理障碍。

本章小结

按照一般概念，雇主的概念具有以下基本特征：雇主是雇员或工人或劳工的对称，基本特征是雇佣组织或者个人雇用他人为其提供劳务；雇主可以是自然人，也可以是法人，但具体劳动关系事务中，雇主必须由自然人来充任或代表；雇主一定具有对雇员指挥和控制的权力；凡是在劳资关系中代表资方或管理方处理有关劳资事务的人，均可被称为雇主。雇主组织则是雇主的代表性组织，以维护雇主在产业关系和经济关系中的利益目标；其主要作用表现为，代表雇主与工会集体协商，参与立法和政策制定，为雇主提供服务，帮助雇主解决劳资纠纷。

为了应对工会带来的挑战，雇主及雇主组织寻求一种更为经济，同时能够激发劳动者积极性的管理方式，人力资源管理模式开始快速发展。以人力资源管理代替工会，以员工关系代替劳动关系成为企业避开工会、减少对抗损失、保持其灵活竞争力的一种重要竞争手段。然而，中国引入的人力资源管理由于缺乏劳动关系体制的压力，演变成为管理技术，并带来了劳动者权益保障的问题。

主要术语

1. 雇主：雇主的概念可以包括企事业业主、企事业的经营者和管理者以及代表企事业业主处理劳资事务的其他人。

2. 人力资源管理：随着组织雇佣人数不断增多，为了更好地对员工进行管理，需要一套雇佣管理程序来进行职业化的管理。这种管理包括员工招聘、培训开发、薪酬福利、绩效管理等专业技术和方法，用以提升员工的满意度和忠诚度，进而形成员工与企业的伙伴关系。我们把这种管理统称为“人力资源管理”。

阅读文献

1. 祁亚辉．从科学管理到人本管理：兼论人本主义在管理理论发展中的地位．社会科学论坛，2005.

2. 谢增益．劳动关系的内涵及雇员和雇主身份之认定．比较法研究，2009.

3. 杨体仁，等．市场经济国家劳动关系．北京：中国劳动社会保障出版社，2000.

4. 董福荣．劳动关系．大连：东北财经大学出版社，2009.

5. 中企联．国际雇主组织的职能和作用．企业经济，2005.

6. 程延园．集体协商制度研究．北京：中国人民大学出版社，2004.

7. 程延园．员工关系管理．上海：复旦大学出版社，2004.

复习思考题

1. 结合各国对雇主的定义，描述雇主的概念特征。

2. 总结雇主组织发展的四个阶段，并分析雇主组织的主要形式、结构和作用。

3. 根据人力资源管理产生的背景，比较人力资源管理与劳动关系的异同。

4. 结合中国具体实际，分析中国人力资源管理发展带来的劳动者权益保障问题。

第六章

工会与政府

学习目的与要求

1. 理解工会与政府的关系。
2. 了解政府在劳动关系中的作用。
3. 了解工会在治理劳动关系中的作用。

课前预习题

1. 政府的概念。
2. 工会与政府关系的实质是什么?
3. 政府在劳动关系中的作用体现在哪些方面?

引导案例

参与治理创新各有侧重

近年来，针对职工的多元需求和职工队伍状况的变化，福建省各级工会准确把握职工队伍特点，通过立足本职服务工作大局、加强和创新社会公共服务、参与维护社会稳定等方面工作，积极参与社会治理创新，赋予工会工作新的时代内涵。一是构建实现职工共享服务。三明市总工会致力于为职工打造开放式、便捷式、多功能的职工文体活动场所和工会服务职工的新平台，全市目前已有16个省级经济开发区（工业园区），涉及12个县（市、区），覆盖职工20多万人。二是推动职工维权取得成效。龙岩市新罗区工会依托镇（街）、园区、社区（村）职工服务站，建立劳动争议调解室35个，行业性、区域性基层劳动争议调解组织30个，所有已成立工会组织的各类企业都同时成立了劳动争议调解委员会，充分发挥基层劳动争议调解中“第一道防线”的职能和作用。闽侯县青口投资区工会始终把调解劳资关系工作作为维护稳定促进经济社会发展的一项重要工作来抓，充分依托三镇（青口、祥谦、尚干）劳动争议委员会、司法行政部门和劳动保障监察部门等，加强了园区调解成员队伍建设，建立了矛盾纠纷防控体系，力争做到问题不出园区、矛盾就地解决。近五年来，园区共调解了由欠薪、劳资纠纷、工伤等引起的215起矛盾纠纷。①

第一节　工会与政府的关系

一、政府的概念

对劳动关系的主体可以从狭义和广义两个层面进行定义。狭义上，劳动关系的主体包括两方：一方是雇员及其工会代表的团体，另一方是雇主及其协会。双方主体组成的组织通常称为用人单位，可能是营利性或非营利性的。广义上，劳动关系的主体还包括政府。在劳动关系的发展过程中，政府通过立法对其进行干预和影响，增强了其调整、监督和干预的作用。

政府的定义同样分为狭义的和广义的。广义上，政府包括所有行使国家权力的机构，如立法、行政和司法机关等；狭义上，政府特指国家政权机构中的行政机关。在我国，劳动关系中的“政府”应被理解为广义的，因为在劳动关系中，立法和司法等机关也发挥着重要作用。

政府在劳动关系中扮演的角色主要有四种：第一，作为劳动关系立法的制定者，

---

① 张雅雅，廖秀峰．工会参与社会治理路径探析：以福建省为例．天津市工会管理干部学院学报，2023(1)：54-58.

通过立法为劳动关系的调整提供法律保障；第二，作为公共利益的维护者，利用监督和干预手段促进劳动关系的协调发展，确保相关政策和制度的有效实施，并建立完整的执法和司法体系，包括劳动监察和对违法行为的惩罚；第三，作为公共部门的雇主，以雇主身份直接影响劳动关系；第四，作为有效服务的提供者，重点在于加强对劳资双方的培训，提供高质量的信息服务和谈判指导。①

二、工会与政府关系的实质②

1. 工会与政府是国家政权体系的组成部分

政府在国家政权体系中发挥着核心作用，作为国家权力的执行者和治理实施者，它不仅代表国家的根本利益，还维护社会公共利益。这种社会公共权力的属性使政府成为全社会利益的代表和保护者。因此，政府的角色可被视为全社会的管理者、社会政策的制定者及执行者，其与社会公众及各种社会组织（包括工会）保持密切联系。

同样，工会作为国家政权体系的重要组成部分，除了执行党和政府的方针政策与法律法规，还需依据自身的性质和职能处理内部关系及与其他政治、经济组织和社会团体之间的关系。这种职责使工会与政府之间的联系变得密不可分。

2. 分工与合作

现代政府对社会及工会等社会组织的管理经历了显著变化，现代管理模式与传统管理模式存在明显差异。传统上政府是社会管理的唯一主体，面对的社会利益关系相对简单，社会分工也不复杂。然而，随着现代工业社会的到来，这种状况发生了根本性变化。现代政府的社会管理与市场经济紧密相关，建立在市场经济的基础上，并受到先进管理理念与技术的深刻影响。在市场竞争的推动下，社会分工体系愈加细化，社会经济利益关系也日益复杂。这一变化促使现代政府在管理社会时，不仅要考虑社会整体利益，还需关注社会成员的不同需求。

在市场经济条件下，竞争不仅激发了社会经济发展的活力，还加剧了社会利益关系的复杂性。为了维护自身利益，各利益群体通常会形成特定的组织或团体，以争取和保护其利益。工会是劳动者为实现自身权益而组织起来的社会机构。显然，各社会组织为实现自身共同利益所进行的活动，不能仅依赖经济手段或局限于日常事务，往往需要通过政治参与来影响立法和政府政策，从而展现出明显的政治特性。

---

① 程延园．劳动关系．4版．北京：中国人民大学出版社，2016.

② 中华全国总工会．工会基础理论概论．北京：中国工人出版社，2006.

在我国社会主义制度下，工会和政府之间的平等合作与协商是其本质特征之一。要使劳动者的合法权益得到更充分的实现，需要通过工会的民主参与来促进政府决策，更好地反映劳动者的正当权益。工会与政府之间的合作与协商关系，确保了职工的合法权益和国家整体利益的共同实现。因此，工会的活动必须以国家和全体人民的根本利益为前提，只有在此基础上，劳动者的权益才能得到真正保障。

3. 民主参与和社会监督

维护职工的合法权益是工会的基本职责，而民主参与是工会履行这一职责的重要途径。根据我国《工会法》，工会不仅代表职工维护其合法权益，而且也关注全国人民的整体利益。这表明工会的维护职能主要包括两个方面的内容：一方面，各级工会参与国家和地方的立法以及社会、经济政策的制定，确保能够更好地反映职工的利益，从源头上保护他们的合法权益；另一方面，基层工会在企事业单位通过平等协商和集体合同制度，协调劳动关系，维护职工的合法权益。此外，工会还通过职工代表大会等形式，组织职工参与单位的民主决策、民主管理和民主监督。这些工作强调了民主参与在工会活动中的重要性，对工会领导机构而言更为重要。

民主参与和社会监督密切相关，所取得的成果及其落实均需依赖持续的群众监督，因此，工会的社会监督作用在其与政府的关系中也显得尤为重要。参与和监督的关系是双向的，既包含工会对政府工作的参与和监督，也包括政府对工会活动的参与和监督。工会对政府的监督主要在民主制度框架内进行，而政府对工会的监督则通过组织程序及法律政策进行，以确保工会的活动在法律规定的范围内开展。

三、工会与政府相互支持、相互配合、密切合作①

在我国，工会与人民政府之间的关系是相辅相成、密切合作。人民政府作为国家的行政机关，负责管理国家和社会事务，而工会则是工人阶级的群众组织，肩负支持政府、协助其工作的使命。政府应当充分依靠工人阶级，特别是在涉及职工切身利益的重大问题上，应认真倾听工会和广大职工的声音。《工会法》规定，工会行使国家赋予的参与权利，代表职工参与国家和社会事务的管理，组织职工开展民主管理、民主监督，开展参政议政等活动。这一规定凸显了工会是国家政权的重要支柱，以及其

① 中华全国总工会．工会基础理论概论．北京：中国工人出版社，2006.

在推动社会主义市场经济发展中的关键作用；标志着工会是人民政府不可或缺的支持者和合作伙伴。工会在社会生活中发挥重要作用，保持和人民政府之间的相互支持与密切合作的关系。

（1）通过工会的支持，政府实现对经济社会的有效管理和改革与发展的目标。

政府对经济和社会的有效管理以及实现其改革与发展目标，离不开全社会的协作，以及工会的支持。工会因其庞大的会员基础，成为推动社会、经济发展的重要力量。工会对政府的支持，是政府施政目标实现的保障，也是政府工作推动的群众基础。

首先，工会在动员和组织职工落实政府政策方面具有独特优势。工会不仅拥有广泛的群众基础，还在全国范围内形成了覆盖城镇的组织网络。这使得工会能够有效宣传政府的政策，激发职工自觉参与落实各项措施的积极性。此外，工会还充当职工的“第一知情人”和“第一帮扶责任人”，帮助生活困难的职工解决问题，调动社会资源开展“送温暖”工程，促进就业，从而有效缓解社会矛盾，成为政府管理与改革的“安全阀”。

其次，工会作为政府施政的有力支持者，承担着不可或缺的角色。工会通过提升职工素质、维护权益、参与公益活动等方式，为政府施政创造良好条件，促进社会和谐与发展。工会活动不仅增强了工会会员的政治意识和社会责任感，还帮助他们更好地理解和支持政府的政策，从而推动政府工作的顺利进行。此外，工会在提高职工技能和素质方面也起着关键作用，由此不仅促进个人发展，还为政府提供了人力资源保障。

再次，工会在营造政府依法行政的良好氛围方面发挥了积极作用。从宏观层面看，工会作为国家政权体系的组成部分，为政府的合法行政提供支持。在市场经济中，法治和竞争机制影响着政府的管理职能以及其工作人员的行政理念，工会的参与增强了职工对政府的信任和支持，为政府依法行政营造了良好的社会氛围。

最后，工会为政府工作奠定了坚实的群众基础。工会既能将政府的政策传达给职工，也能将职工的需求反馈给政府。这种有效沟通增强了政府决策的科学性，使政府工作的落实有了可靠的群众支持。在面对复杂的社会利益关系和劳动关系时，工会的作用尤为重要，它帮助政府政策更好地适应社会发展需求，充分考虑不同利益群体的要求，降低社会矛盾和风险。

（2）通过政府的支持，工会更好地代表和维护职工群众的合法权益。

政府的基本施政理念在于实现经济社会的均衡、全面、可持续和科学发展。全国人民的总体利益与职工的利益根本上是一致的，职工的合法权益是否得到保障直接影响其积极性和创造性。因此，工会的基本职责是在维护全国人民利益的同时，保护职工的具体利益，这需要政府的强力支持。

首先，参与政府的政策制定是工会影响政府决策的重要途径。参与政策制定不仅是工会维护职工权益的重要手段，也是实现“源头维护”的有效方式。工会通过派遣代表参加政府的联席会议或劳动关系三方协商，能够与政府和雇主代表沟通、讨论与职工切身利益相关的问题，从而积极争取政策支持。

其次，政府在财力和物质上对工会的支持至关重要，尤其是对于基层工会而言。作为国家政权体系的一部分，工会和政府的根本利益是一致的。因此，政府应确保工会工作具备稳定的财政来源和必要的物质条件。这一支持通过立法和政策的制定得到体现，确保工会能够有效运作。

最后，政府的社会舆论支持同样不可忽视。工会的主张需要政府舆论的支持，获得广泛关注，从而产生强大的社会影响力。为此，工会需进行深入的调查研究，获得真实的数据，并通过总结提炼出明确、合理的主张，以赢得社会的广泛认可。

第二节　政府在劳动关系中的作用

政府在劳动关系中的作用主要体现在以下几个方面。[①]

一、推动劳动法治化建设

社会主义市场经济作为法治经济，要求将劳动力市场的运作和劳动关系的调整纳入法治轨道。因此，劳动法治化建设成为政府在劳动关系领域承担的重要职能，具体而言，主要涉及以下几个方面：

首先，确立劳动立法的基本原则和价值取向。劳动关系为劳动法律的调整对象，明确了双方的权利与义务。在此基础上构建和谐稳定的劳动关系，是我国劳动立法的基础，更是劳动法治化建设的重要支柱。这些原则与价值取向应当始终被遵循。

其次，建立有中国特色的劳动法律制度体系。适应经济社会发展，落实依法治国方略，是政府协调社会经济利益关系的重要职责。在劳动关系领域，构建适合我国国情的劳动法律制度体系，发挥政府在推动劳动立法方面的主导作用，是落实这一方略

① 李德齐．中国劳动关系学．北京：中国工人出版社，2007.

的具体举措。我国的劳动关系发展具有独特的新特征，这要求我们在总结历史经验和借鉴国际做法的基础上，加快推进符合我国国情的劳动法律体系建设，进一步完善现有的相关法律制度，如促进就业制度、劳动合同制度、集体合同制度、劳动争议处理制度及社会保险制度等。

再次，加大监督检查的执法力度，规范劳动关系行为。依法规范劳动关系行为不仅依赖完备的劳动法律制度，更需要强有力的监督检查机制。政府作为调整和规范劳动关系行为的执法主体，必须强化对法律执行的监督。因为我国的劳动法律制度还无法全面适应劳动关系日益复杂化的变化，因此政府需要加强对劳动法律执行的监管，以确保各方权益得到保障，促进和谐劳动关系的发展。

最后，健全劳动争议处理制度。历史经验表明，劳动争议在市场经济条件下是客观存在的，尤其是在工业化成长期，劳动争议频发。这可能对企业和社会的稳定发展产生负面影响。因此，政府应建立高效的劳动争议处理机制，调解因权利义务而引发的纠纷，以维护各方的合法权益，促进劳动关系的和谐与社会的公平正义。随着我国社会主义市场经济体制的发展，建立一个以政府为主导的高效、快捷、公正的劳动争议处理机制显得尤为重要，以解决劳动纠纷并维护社会稳定。

二、构建统一的劳动力市场

建立统一的劳动力市场是推动我国社会主义市场经济协调发展的重要条件。尽管改革开放以来，市场机制在劳动力资源配置方面发挥了越来越显著的作用，但全国城乡尚未完全形成统一的劳动力市场。因此，实现劳动力的自由流动，构建统一的劳动力市场，成为政府在劳动关系领域的一项关键职能。

首先，需要打破地区和城乡之间分割的就业制度。重要的措施包括：通过政府的宏观政策推动户籍制度改革，强化劳动力市场在就业调节中的基础性作用，建立地区间和城乡间劳动者自由流动、自主择业和公平就业的制度。引导劳动力有序流动，逐步实现劳动力市场的完全一体化，并在此基础上建立统一的劳动就业制度。

其次，应将城乡就业人员纳入社会保障体系。一方面，通过立法和政策逐步扩大对城乡就业人员的社会保险覆盖范围，并不断提高保障水平；另一方面，通过法律监督和必要的行政措施，防止用人单位，特别是非公有制企业，逃避缴纳社会保险。例如就进城务工人员而言，他们多工作在生产一线，劳动条件艰苦，政府应更加注重对这一群体的社会保障。

最后，逐步建立覆盖城乡的职业教育与培训体系。城镇就业的农村务工人员由于受教育水平较低，缺乏劳动技能和职业资格，往往无法充分享有城镇提供的就业机会，多集中在非正规部门从事简单体力劳动，就业不稳定。因此，各级政府应加大对农村进城务工人员的培训力度，以帮助他们更好地融入城镇劳动力市场。

三、进一步推动城镇化，完善社会公共服务

城镇化是中国现代化进程的重要组成部分，主要表现为企业和劳动者的聚集。在推动城镇化的过程中，企业将由分散状态向集中化发展。通过这种聚集不仅能降低企业公共基础设施建设的成本，还能够使企业规模扩大，使资源得到优化配置，产生城市工业经济的规模效应。

企业的集中必然带来劳动者的聚集，这将扩大对劳动力的需求，同时推动城市生活的社会化和服务业的发展，创造更多就业机会。因此，城镇化是我国经济社会发展的必然趋势，特别是在城镇化与工业现代化的进程中，劳动关系所覆盖的从业人员和社会领域将不断扩大。

随着我国城镇化进程显著加快，政府职能也在发生转变：政府逐渐将促进经济和社会协调发展视为其主要职能，向公共服务型政府转变。在这一过程中，政府不再直接管理企业，而是为企业的自主管理和发展提供支持，包括公共基础设施的硬件建设和法律、制度环境的软件建设。此外，政府还需为劳动者，特别是低收入群体，如进城务工的农村劳动力，创造适宜的生存环境，确保他们享有与城镇居民平等的基本生活条件。服务型政府还要为各类企业和劳动者提供平等的服务。

第三节　工会在治理劳动关系中的作用

一、参政议政

参政议政是工会与政府之间重要关系的体现，也是工会源头参与的重要途径，具体表现如下：

首先，工会通过各级人民代表大会选出的代表参政议政，影响政府的政策制定。这些代表通过提出议题和提交关于职工权益的议案，反映广大职工的需求和建议，旨在完善相关法律法规和政策。工会参与立法不仅是惯例，更是法律与政策的要求。中

国工会以多种形式参与劳动关系、劳动和社会保障等领域法律的制定与修改，例如中华全国总工会直接参与了多部法律法规，如《社会保险法》《工会法》《安全生产法》《工伤保险条例》等的起草。工会为中国特色社会主义法律体系的构建与完善作出了重要贡献。[①]

其次，工会与政府之间建立了联席会议制度。在这一制度下，工会与同级政府及其部门联合召开会议，共同讨论职工广泛关注的热点与难点问题，确定解决方案。会议议题包括困难企业和职工的生产生活问题、企业改制过程中的职工安置和经济补偿等，以及劳动模范的福利待遇等。通过这种会议机制能够有效解决问题，维护职工的合法权益，增强工会的履职能力，并促进政府决策的民主性、科学性与施政的有效性。

二、参与社会治理

工会在社会治理中发挥着重要作用，通过依法建会、依法维权、依法治会、依法管会，履行社会责任，致力于构建和谐社会，确保职工合法权益的保护。这主要表现为：

首先，工会加大在劳动法律法规制定中的参与力度。它推动和参与全国人大与社会组织协商立法的机制，积极参与与职工权益相关的法律法规的制定和修改，例如推动和参与修订完善《工会法》，推动制定“基本劳动标准法”“集体合同法”等法律法规，完善工会协调劳动关系的法律制度体系。

其次，工会促进和谐劳动关系的制度建设。贯彻落实中共中央、国务院《关于构建和谐劳动关系的意见》，建立劳动关系监测系统，发展劳动关系数据库，并推动建立多层次的劳动关系协调机制，健全协调劳动关系三方组织体系。推动行业及区域性的集体协商，确保重点企业能稳定签订集体合同，并完善劳动争议的多元化解机制，提升调解工作的信息化和智能化水平。推进基层协调劳动关系工作服务站建设，建成一批可复制、可借鉴、可推广的和谐劳动关系示范点。

再次，推动工会工作法治化建设，强化工会法治宣传教育，增强职工的法律意识。通过实施“八五”普法规划和建设普法资源库，工会不断扩展法律服务，加快法律服务站点建设，加大对职工的法律援助力度，鼓励更多社会律师参与法律服务工作，同时加强工会干部的法治培训，以增强他们运用法律思维的能力。

---

① 郭辉，戴文宪．初心与使命：中国工会参与国家治理的历史回顾与经验．北京市工会干部学院学报，2022（4）：53－62.

最后，建立维护劳动安全与稳定的长效机制，落实国家安全观，关注劳动领域的政治安全与社会稳定。参与市域社会治理现代化试点，推动工会系统平安中国建设，并加强对意识形态风险的管理，确保工会在劳动领域的政治引领作用，形成多方协作的工作格局。此外，健全工会信访治理体系，完善纠纷多元化解机制，增强信访工作的有效性。[①]

三、参与三方协商[②]

1990 年 9 月 7 日，全国人大常委会批准了国际劳工组织第 144 号公约。这标志着中国承诺在劳动关系调整中实施三方协商机制。随后，多个省份陆续建立了这一机制。2001 年 8 月，国家级的协调劳动关系三方会议制度正式建立。劳动和社会保障部、中华全国总工会和中国企业联合会/中国企业家协会在北京召开了第一次国家协调劳动关系三方会议，制定了《国家协调劳动关系三方会议制度》。这标志着国家级劳动关系三方会议机制的建立。2001 年 10 月 27 日，第九届全国人大常委会第二十四次会议通过修订的《工会法》，首次在法律中明确规定建立劳动关系三方协商机制，明确了各级政府劳动行政部门应与同级工会及企业代表建立劳动关系三方协商机制，共同研究解决重大劳动关系问题。

在国家层面，劳动关系三方会议由原劳动和社会保障部（现人力资源和社会保障部）、中华全国总工会和中国企业联合会/中国企业家协会组成。由原劳动和社会保障部的相关领导担任主席，由中华全国总工会和中国企业联合会/中国企业家协会的相关领导担任副主席。各方定期派代表参加会议。地方层面的三方协商机制的组成与之类似。每次会议的议题由各方协商决定，必要时可邀请相关政府部门及研究机构的人员参与。三方协商会议通常设有办公室，负责日常事务的联络沟通。

根据《工会法》第 34 条第 2 款的规定，三方协商的核心内容是共同研究解决重大劳动关系问题。在 2001 年国家级协调劳动关系三方会议制度建立暨第一次会议明确了三方会议的主要任务是加强合作，平等协商涉及全国劳动关系的重要问题。其具体任务包括：(1) 信息交流，定期分享协调劳动关系中的新情况和新问题；(2) 沟通协商，研究和分析全国劳动关系的基本状况和发展趋势，针对具有全局性和倾向性的重大问题进行协商，达成共识；(3) 提出政策建议，分析经济体制改革和社会发展计划对劳动关系的影响，并就相关法律、法规和政策的制定和实施提出意见。此外，还

---

① 中国工运事业和工会工作“十四五”发展规划．

② 李德齐．中国劳动关系学．北京：中国工人出版社，2007．

要调查研究跨地区的重要集体劳动争议和群体性事件，提供解决方案，指导地方建立三方协调机制及集体合同的签订，并总结、推广典型经验。

在三方协商机制中，政府、企业组织和工会之间的协商与合作，是基于国家利益和三方根本利益的一致。各方按照各自职责，承担不同角色。政府主要负责对劳动关系的宏观协调，促进经济社会发展目标的实现，维护社会公平与公正，引导劳动关系双方代表组织，通过双方的合作与交往，促使复杂的劳动关系能够遵循法律的规范要求，平稳地运行。工会和企业组织则应从国家发展的全局出发，依法维护所代表的劳动者或经营者的合法权益，表达他们的诉求，以体现各自的角色特征。

本章小结

工会与政府之间建立了相互支持、相互配合和紧密合作的关系。政府需要工会的支持，以实现对经济、社会的有效管理及改革和发展目标。工会通过动员和组织职工群众落实政府的各项政策，成为政府施政的重要支持力量，为政府的合法行政创造良好氛围，并为其工作奠定坚实的群众基础。同时，工会也通过政府的支持，更有效地代表和维护职工的合法权益。

在劳动关系中，政府的作用主要体现在以下几个方面：首先，推动劳动法治化建设；其次，构建统一的劳动力市场；最后，推进城镇化并提供完善的社会公共服务。而工会在治理劳动关系中发挥的作用包括参政议政、参与社会治理以及参与三方协商。

主要术语

1. 政府：广义上，政府包括所有行使国家权力的机构，如立法、行政和司法机关等；狭义上，政府特指国家政权机构中的行政机关。在我国，劳动关系中的“政府”应被理解为广义的概念，因为在劳动关系中，立法和司法等机关也发挥着重要作用。

2. 工会的维护职能：一方面，各级工会参与国家和地方的立法以及社会、经济政策的制定，确保能够更好地反映职工的利益，从源头上保护他们的合法权益；另一方面，基层工会在企事业单位通过平等协商和集体合同制度，协调劳动关系，维护职工的合法权益。

阅读文献

1. 中华全国总工会．工会基础理论概论．北京：中国工人出版社，2006.

2. 李德齐．中国劳动关系学．北京：中国工人出版社，2007.

3. 程延园．劳动关系．4 版．北京：中国人民大学出版社，2016.

4. 张雅雅，廖秀峰．工会参与社会治理路径探析：以福建省为例．天津市工会管理干部学院学报，2023（1）.

5. 郭辉，戴文宪．初心与使命：中国工会参与国家治理的历史回顾与经验．北京市工会干部学院学报，2022（4）.

6. 中国工运事业和工会工作“十四五”发展规划.

复习思考题

1. 工会与政府的关系是怎样的？
2. 工会在治理劳动关系中的作用如何？
3. 政府在劳动关系中的作用如何？
4. 政府在劳动关系中扮演的角色主要有哪几种？
5. 如何理解工会与政府相互支持、相互配合、密切合作？
6. 政府与工会关系的实质是什么？

第七章

集体协商

学习目的与要求

1. 掌握什么是集体协商，以及集体协商与其他概念的区别和联系。
2. 理解为何进行集体协商以及集体协商的功能和作用。
3. 了解如何进行集体协商，以及集体协商的主体和内容是什么。

课前预习题

1. 什么是集体协商？集体协商的作用是什么？
2. 集体协商的参与主体都有谁？
3. 集体协商是如何进行的？需要遵循哪些程序？

引导案例

温岭羊毛衫行业的工资集体协商[①]

新河镇位于浙江省温岭市的东北部。该镇羊毛衫行业在20世纪80年代初开始发展，到了90年代初，该镇羊毛衫行业企业数量发展到十多家，开始形成产业集群，

---

① 闻效仪．转型期中国集体协商的类型化与制度构建．北京：社会科学文献出版社，2016.

集选料、精纺、编织、销售于一体。至 2003 年，企业数量迅速增加到 113 家，年产值达 1.67 亿美元。当地的雇主每年与工人就工价标准进行集体协商。在当地雇主的积极推动下，其还建立了新中国第一个非公有制企业的行业工会。这些引起了社会的广泛关注。时任国家总理温家宝亲自批示可以总结推广温岭做法。

新河镇的羊毛衫企业主基本上都是当地村民。年产值超 500 万元的企业仅 12 家，绝大多数是家庭作坊。羊毛衫生产有很强的季节性，工厂在 1～4 月基本不开工，4～8 月属于生产淡季，9～10 月是满负荷生产旺季。每到生产旺季，温岭新河镇的缺工在 1/4 左右。因此对熟练工人的争夺成了企业间竞争的关键所在，雇主们纷纷通过高工价吸引工人，且竞争日益白热化。为了解决彼此之间在工价上的恶性竞争问题，雇主们从 1999 年起开始积极尝试建立行业自律机制。但由于其他未参加协商的 100 多家企业仍然哄抬工价，熟练工人还在源源不断地流走。雇主们开始意识到要在根本上解决企业之间的恶性竞争，就必须使自律机制覆盖全行业。2000 年，新河镇羊毛衫行业协会成立。2002 年，温岭市也成立了羊毛衫行业协会。然而，由于缺乏大规模强势企业，行业协会的管理权威性受到挑战，惩戒机制也迟迟无法建立。

温岭羊毛衫行业有工人 1.2 万多人，大部分都是外来农民工，来自四川和湖南两省的女工居多。由于温岭的地理位置并不优越，为了能够与另一个位于广东东莞的羊毛衫生产区域抗衡，温岭羊毛衫行业工人的工资普遍高于东莞的。然而，高工资并没有阻止雇主相互的恶性竞争，工人的权益也受到严重侵害。一方面，雇主为了减少工人流动，采用了拖欠工资或交保证金的策略。该地区的工资基本六个月一发，淡季时支付上一个旺季的工资。如果在这期间工人选择“跳槽”则拿不到一分钱。另一方面，高工资的承诺常常得不到兑现。在这种情况下，劳资冲突的爆发无法避免。自 2001 年以来，每年 8、9 月是罢工、上访的最频发时期。新河镇劳动和社会保障所资料显示，仅 2003 年下半年就接待了 147 位工人的上访，“其中一半以上是羊毛衫行业的，上访的焦点问题都是工资”。

当时激烈的劳资冲突引发的社会动荡使当地政府颇为头痛。新河镇工会则被委以“构建和谐劳动关系”的重任而被推向了前台。新河镇第一次“羊毛衫行业职工工资恳谈会”在 2003 年 6 月 13 日召开。到恳谈会现场的有 8 位企业老板、13 位职工代表及数名“帮助协调指导”的市劳动行政部门和镇工会工作人员。摆在谈判代表面前的是羊毛衫行业协会内部讨论后开出的 5 个工种、59 道工序的工价价码。在恳谈会上，劳资双方不仅对每道工序的最低工价进行了统一规定，还确定了工人每天 8 小时的工资不得低于 27 元，即每月最低劳动报酬不低于 800 元，以符合当地法定最低工资标准。为了防止雇主的承诺再次成为“空头支票”，在工人代表强烈要求下，双方约定工资必须在“当月产量结算后次月 25～28 日发放”。这种按月发放的方式大幅度降低了工人的收入风险，工人在根本上可以用“用脚投票”的机制对工价形成实质性监督。

温岭羊毛衫行业的工资集体协商每年进行一次。从 2003 年 6 月到 2014 年 8 月，羊毛衫行业总共进行了 12 轮的集体协商，工人工资得到了小幅度的增长，使劳动关系最大限度地稳定了。据当地劳动局提供的资料，2003 年举行工资集体协商后，全年上访事件降至 17 次，总共涉及 120 人；2004 年进一步降至 3 次，涉及 3 人；到 2005 年，全年只发生 1 次上访，涉及 3 人；2006 年至 2016 年，没有发生一次上访事件。

第一节　集体协商概述

一、集体协商的定义

集体协商，又称“平等协商”“集体协商”“劳动关系争议谈判”等，是协调劳动关系的法律制度。集体协商是指企业与职工双方就劳动关系有关事项开展平等协商的活动，也即，职工通过工会或选出的代表与用人单位或其联合组织，为协调劳动关系及确定企业或行业的劳动条件、报酬福利，或为签订集体合同而进行的商谈行为。其主要目的是平衡劳资关系，保障员工的合法权益，促进企业的可持续发展。通过集体协商，员工可以就工资、工作时间、工作条件等问题与雇主进行平等、公正的谈判，以达成劳资双方都能接受的协议。

从标准概念上看，集体协商区别于劳动者个人与雇主之间的利益谈判，是通过工会这种工人团体组织形式，与雇主确定就业条件和待遇的交涉过程。国际劳工组织在 1981 年通过的第 154 号公约《集体协商公约》中将集体协商概括为：一个或数个雇主或雇主组织作为一方与一个或数个工人组织作为另一方，就确定劳动和就业条件、解决雇主和工人之间的关系、解决雇主或其组织同一个或数个工人组织之间的关系等，进行的所有协商活动。由此看来，集体协商是指职工方集体性地通过工会或其代表人与企业方谈判雇佣条件，企业方必须参与且谈判结果具有法律约束力的一种解决劳动关系矛盾的机制和方式。

然而，中国对西方集体谈判制度的引进并不是全盘照搬的。国际通用的表述是集体谈判，而中国现行劳动法律法规和相关政策使用的是集体协商，二者的内涵完全不同。

我国的“集体协商”与西方的“集体谈判”不仅仅存在字面意义上的差别，其背后是中国与西方在政治环境、经济环境以及社会环境方面的差异。国际劳工组织集体协商专家温德德姆曾专门对两个概念进行了研究，并认为：谈判是一个决策的过程，而协商只是一个咨询过程，强调在劳动关系中形成一种合作关系。谈判的成果取决于双方力量的平衡，而协商的成果则由管理者作出。显然，温德德姆的分析并没有注意到中西方制度最本质的差别，只是聚焦于“协商”和“谈判”的角色差异，而没有意识到“集体”内涵的差异才是中西方制度差别的关键。

我国推行的集体协商制度，旨在促使劳资双方在充分顾及对方利益并作出适度妥协的基础上，共同协商解决劳动关系方面的冲突和难题。这一制度受到法律的保障，确保了劳动力供应方与需求方之间能够展开平等的对话和民主的决策过程。

总体而言，集体协商在我国通常被界定为：职工一方的代表与企业一方的代表，就签订集体合同、专项集体合同或其他劳动关系等事项，依法进行平等商谈的行为。

二、我国集体协商制度的历史沿革

集体协商制度在中国具有很长的历史。20 世纪 50 年代，随着社会主义改造运动的兴起以及私营企业的公有化，集体合同制度逐渐被废除。自改革开放以来，社会主义市场经济体制建立，集体协商制度再次成为政策关注点。在 1992 年的《工会法》和 1994 年的《劳动法》中，集体协商和集体合同制度得到法律确认，工会被赋予与企业雇主进行集体协商的权利。《劳动法》第 33 条规定：“企业职工一方与企业可以就劳动报酬、工作时间、休息休假、劳动安全卫生、保险福利等事项，签订集体合同。集体合同草案应当提交职工代表大会或者全体职工讨论通过。集体合同由工会代表职工与企业签订；没有建立工会的企业，由职工推举的代表与企业签订。”

中华全国总工会是集体协商制度最重要的主导者和推动者：为了适应市场经济的要求，不断推动自身的转型。通过集体协商制度，工会不仅可以形成除劳动法以外的第二道工人保护机制，更重要的是可以取得与企业管理层平等的地位，通过稳定劳动关系来提升自身在企业和社会的影响力。中华全国总工会最开始使用的是“平等协商”的提法，使用“平等”一词就是为了突出工会与企业分享权力，要求更多的民主参与的主张。

1994 年 12 月，时任中华全国总工会主席把平等协商和签订集体合同作为牵动工会整体工作的“牛鼻子”，制订了系统的目标和计划。随后，大规模集体合同签订运动在全国展开。

关于中国集体协商制度发展过程中的关键事件可参见表 7－1。

表 7-1　中国集体协商制度发展过程中的关键事件

年份	事件和内容
1992 年	1992 年修订的《工会法》提出，工会可以代表职工与企业、事业单位行政方面签订集体合同
1994 年	1994 年，《劳动法》和《集体合同规定》发布，确立了企业职工一方与企业就劳动报酬及多项劳动标准进行平等协商、签订集体合同的要求
1996 年	《劳动事业发展“九五”计划和 2010 年远景目标纲要》提出，要通过试点，逐步建立以集体协商和集体合同为基本形式的劳动关系主体自主协商机制。非公有制企业和实行现代企业制度的国有企业以及其他具备条件的企业，要通过集体协商签订集体合同确定企业的劳动标准，规范企业经营者和职工的劳动行为。此后，在部分外商投资企业、私营企业以及改组为股份有限责任公司的企业中试行了集体协商决定工资标准和增资水平的制度
2000 年	劳动和社会保障部颁发《工资集体协商试行办法》（部令第 9 号），规范了工资集体协商和签订工资集体协议的行为，确定了已建立企业工会的非公有制企业和已改制的国有企业积极实施工资集体协商的思路。集体协商制度建设也得到了劳动关系三方的共同重视和支持，为加大集体协商推进力度创造了有利条件
2006 年	劳动和社会保障部、中华全国总工会、中国企业联合会/中国企业家协会联合发布了《关于开展区域性行业性集体协商工作的意见》，明确提出“要将职工工资水平、工作时间以及与此直接相关的劳动定额、计件单价等劳动标准作为区域性行业性集体协商的重点，通过集体协商妥善处理各方的利益分配关系，推动企业建立正常的工资决定机制”。自 2007 年起，国家协调劳动关系三方会议明确提出在全国范围内启动集体合同制覆盖计划
2008 年	2008 年实施的《劳动合同法》设专门条款对集体协商和集体合同制度再次进行法律层面的规范，不仅明确规定企业劳动关系双方可订立工资调整机制专项集体合同，也明确规定了行业性和区域性集体协商的法律地位
2009 年	中华全国总工会下发了《关于积极开展行业性工资集体协商工作的指导意见》，指出要抓紧建立和完善行业性工资集体协商机制，开展行业性工资集体协商；要着眼于机制的建立和完善，根据行业和企业实际，从职工工资分配方面迫切需要解决的突出问题入手，先易后难，循序渐进，注重实效，逐步提高
2010 年	人力资源和社会保障部、中华全国总工会、中国企业联合会/中国企业家协会联合下发了《关于深入推进集体合同制度实施彩虹计划的通知》，提出了“整体部署，依法推进，因企制宜，分类指导”的总体思路和原则，确立了用 3 年时间基本在各类已建工会的企业实行集体合同制度的目标任务。在这些法规、政策和文件的指导下，各地加大了促进集体协商制度建设工作的力度，结合本地实际采取了多种措施推进集体协商
2014 年	针对集体协商建制不平衡、实效性不强，部分集体合同质量不高等问题，国家三方四家（人力资源和社会保障部、中华全国总工会、中国企业联合会、中华全国工商业联合会）联合下发了《关于推进实施集体合同制度攻坚计划的通知》，实施分类指导，做到因企制宜、分企施策，努力增强集体协商针对性和实效性；继续以非公有制企业为重点对象，积极推进工资集体协商。 中华全国总工会下发了《关于提升集体协商质量增强集体合同实效的意见》《中华全国总工会深化集体协商工作规划（2014—2018 年）》

续表

年份	事件和内容
2015 年	中共中央、国务院《关于构建和谐劳动关系的意见》将推行集体协商和集体合同制度作为健全劳动关系协调机制的重要内容
2017 年	党的十九大报告强调发挥社会主义协商民主的重要作用，推动协商民主广泛、多层、制度化发展。同时，还提出要完善政府、工会、企业共同参与的协商协调机制，构建和谐劳动关系
2019 年	中华全国总工会发布《关于加强专职集体协商指导员队伍建设的意见》，提出，要加强集体协商指导员队伍建设，应坚持专、兼职结合，以兼职为主，更加注重发挥专职集体协商指导员的优势和作用。通过建立规范化的专职集体协商指导员选聘、管理、使用和培养制度，培养造就高素质的专职集体协商指导员队伍
2021 年	人力资源和社会保障部等八部门联合印发《关于维护新就业形态劳动者劳动保障权益的指导意见》，从多个方面保障符合确立劳动关系情形、不完全符合确立劳动关系情形但企业对劳动者进行劳动管理的新就业形态劳动者权益。 国家市场监管总局、国家网信办、国家发展改革委、公安部、人力资源和社会保障部、商务部、中华全国总工会联合印发《关于落实网络餐饮平台责任切实维护外卖送餐员权益的指导意见》，对外卖送餐员的权益保障进行规范指导
2023 年	人力资源和社会保障部印发《新就业形态劳动者劳动合同和书面协议订立指引（试行）》，为新就业形态劳动者与企业订立劳动合同和书面协议的内容、订立方式及应用等作出了明确规定

三、我国集体协商制度的特点

我国集体协商制度的建立与发展是适应社会主义市场经济体制需求的。我国的政治体制和文化环境与西方国家的存在显著差异，这决定了我国的集体协商机制自建立伊始就与西方的集体谈判制度有着明显的不同。西方国家的集体谈判主要基于市场化和契约化的基本原则，而我国的集体协商则呈现出党政领导特色。我国现有的集体协商制度是结合我国国情并借鉴西方先进经验形成的，具有鲜明的中国特色。

（一）我国的集体协商制度和西方国家的集体谈判制度的不同之处

1. 理念不同

西方国家的集体谈判具有潜在的对抗性，而我国的集体协商偏重于沟通和合作。这一点在协商形式的差异上体现得比较明显。非正式、一般性的商谈与沟通在我国集体协商中占有非常重要的地位，而西方国家以正式的、公开的谈判形式为主导。

2. 集体协商要求的来源不同

集体协商往往来自政府或上级工会自上而下的要求。这种要求并不是发端于工人，上级工会给企业工会下达指示，要求企业进行集体协商，并一定要签订集体合同，上级工会的干部甚至会带着标准的集体合同文本找企业签字。

3. 采取的手段不同

西方国家的集体谈判按照“对抗—妥协—对抗”的方式达成谈判目的，而我国的集体协商按照“合作—协商—和谐”的方式实现协商目的。

4. 最终目标不同

西方国家的集体谈判的目标是“单维护”，只是着眼于如何最大限度地维护劳动者的眼前利益，而我国集体协商的目标是“双维护”，既要维护劳动者的合法权益，也要促进企业发展。

（二）我国集体协商制度的主要特点

1. 我国集体协商制度具有鲜明的政治属性

在我国目前实行的以公有制为主体、多种所有制共同发展的社会主义市场经济体制下，劳动关系的社会主义性质决定了我们的集体谈判机制与西方的集体谈判制度从一开始就遵循着不同的逻辑。在劳动关系的运行过程中，除了遵循市场化和契约化的基本理念，还蕴含着“协商合作、共同建设机制、共创效益、共享利益”的追求。集体协商双方的根本利益是一致的，只是在具体利益的诉求上有所差别。

2. 我国集体协商制度表现出明显的政府主导性

与西方工业国家市场经济的发展不同，中国的市场经济是在国家的主导下逐步建立和发展的。国家通过制定长远规划和发展策略，广泛干预经济活动，以维护社会稳定。在劳动关系领域，政府通过劳动立法、政策制定、制度建设、信息发布和宏观调控等措施，积极推动集体协商制度的建立和发展，为企业创造良好的外部环境。

3. 我国集体协商主体的目标是一致的

集体协商的目的是通过劳资双方的平等对话和谈判，达成共识，解决劳动者和雇主之间的利益冲突，改善劳动关系，提高劳动生产率，促进企业和经济的可持续发展。在集体协商中，劳资双方代表会就工资、工时、劳动条件等劳动标准进行谈判，争取达成公平合理的协议。通过集体协商，可以促进劳资双方的互利共赢，提高劳动者的权益保障水平，增强企业的凝聚力和竞争力。

4. 我国集体协商制度受法律保护和约束

我国的集体协商制度受到法律的保护和约束。它是在法律法规的框架内进行的，因此，其产生的结果受到法律的保障。如果其中一方违反了相关的法律法规或协商协议，另一方有权依法维权，寻求法律的救助。在实际操作中，如果出现任何争议或纠纷，可以通过依法申请调解、仲裁或提起诉讼等方式来解决，这为劳动者保护自身权益提供了坚实的法律支持。

四、集体协商制度的功能和作用

集体协商制度是劳动关系调整的重要机制。集体协商制度在保护和增进劳动者权益、促进企业健康发展、构建和谐劳动关系方面，都具有不容忽视的独特作用。

1. 集体协商制度通过搭建平等协商的平台，为职工参与企业管理与实现民主管理提供了有力支持

相较于个别劳动关系中企业单方面决定经营管理规则、劳动条件和劳动报酬的情况，集体协商制度使劳动关系双方能够共同参与讨论和分析企业的经营发展状况。在这一过程中，双方共同商议并确定劳动条件、劳动标准，甚至包括关键的企业规章。这样的协商过程不仅体现了职工对企业发展的关注和参与，也促进了管理方与职工方的深入交流、沟通与互动。这种协商民主的制度设计，推动了企业管理民主化和社会民主化的进程。

2. 集体协商制度有助于减少劳动关系双方的冲突，也是冲突管理系统的重要组成部分

企业构建集体协商这一机制的重要原因就是希望在内部第一时间解决劳企冲突。集体协商的本质是职工方参与，在日常的劳企沟通过程中将双方的分歧化解，集体协商会议、签订集体合同只是这一系列劳企沟通过程的结果。在集体协商的过程中，大部分可能的冲突都被集体协商制度以及前期的民主沟通的制度化解，避免了大规模的劳企冲突对劳企关系的破坏。因此，企业集体协商是企业进行冲突管理的重要机制，主要作用体现在冲突的预防和解决两方面。

3. 集体协商制度通过工会这一劳动者代表组织的实施，有助于缓解个别劳动关系中双方地位不平等的问题

在个别劳动关系中，劳动者往往处于劣势地位，单个劳动者难以与强大的资方抗衡。然而，当劳动者团结起来，组成工会，借助集体的力量与资方进行协商时，才能更有效地实现劳动关系双方力量的相对均衡。这种集体力量的发挥，有助于使劳动关系双方的实际地位处于更加平等的状态。国际劳工组织积极倡导各国劳资双方自愿进行集体协商，通过签订集体合同来规范工人的就业条件，调整劳动关系。集体协商制度的实施，有助于促进劳动关系体系内权利结构的相对平衡，进一步保障劳动者的权益，维护劳动关系的和谐稳定。

4. 集体协商制度促进形成稳定的劳动关系，为企业的生产经营创造了良好的外部环境

从企业的运营视角来看，这一制度不仅关注维护和提升职工的权益，而且鼓励劳动关系双方以平等合作、求同存异的态度共同商讨企业经营管理的各项事务。在协商过程中，双方聚焦于劳动关系领域的诸多问题，致力于在推动企业生产发展的同时，改善职工的劳动条件，确保他们能够共享经济发展的成果。这种协商过程不仅有助于提升劳动者的工作积极性，激发企业的生产活力，而且有助于在面对不利环境时劳动关系双方携手合作，共同应对挑战。因此，集体协商制度在促进企业发展与员工福祉之间找到了平衡点，实现了企业与员工的双赢局面。

5. 集体协商制度不仅能够平衡劳动者与雇主之间的利益，更能促使双方形成紧密的共同体

集体协商最重要的价值并非达成利益分割结果，而是在追求民主参与、劳企合意的过程中形成劳动关系双方相互信任的共同体。

集体协商制度通过平等对话和协商，让劳动者和雇主能够共同参与决策过程。这意味着职工不再仅仅被动地接受企业的决策和安排，而是可以积极地参与到企业发展中来，为企业贡献自己的智慧和力量。另外，通过协商，企业方能更好地理解职工的需求和期望，制定出更符合职工利益的政策，从而建立起一种信任关系。一旦形成这种信任关系，职工就会更加愿意为企业付出，与企业共同成长，与企业形成更加紧密的共同体，共同推动企业的长远发展。

第二节 集体协商的分类

一、按照集体协商运作的内容来划分

1. 利益协商

利益协商是指集体协商双方当事人为达到高于劳动基准的主张、变更共同约定的事项或提出新的要约而进行的商谈行为。利益协商是集体协商中最主要的协商种类。在现实中，绝大多数的协商活动都围绕着利益问题展开，这是因为利益问题直接关系到劳动者与企业的经济利益和发展权益。利益协商的核心特点在于，它关注的内容往往在劳动法律法规所规定的基准之上，或者是为了改变原有劳动合同、集体合同中已约定的条款，或者是为了提出全新的协议要求。在这一过程中，双方将通过充分的讨论和协商，在达成一致意见的基础上，共同制定出新的约定条款。

利益协商的主要目标是解决双方在劳动关系中遇到的合理性问题。这些问题可能涉及调整现有的工资水平、优化福利待遇，也可能涉及提高法律规定的经济补偿金计算基数和补偿标准等方面。通过这些协商，双方能够更好地平衡彼此的利益诉求，促进劳动关系的和谐稳定，从而为企业的发展和员工的福祉创造更有利的条件。

2. 劳动管理制度协商

劳动管理制度协商是一种深入细致的商谈过程，旨在共同制定适用于企业和员工的劳动管理制度、劳动纪律以及劳动关系调整规则。这一协商过程涵盖了诸多重要内容，如企业劳动规章制度的设立、奖惩制度的制定，以及协商代表在集体协商过程中违反规则时所需遵循的处理程序和规定等。制定劳动管理制度的重要性不言而喻，其核心价值在于通过明确和规范的制度，对一方可能出现的违约行为进行约束和处理。这不仅包括了对集体协商代表行为的规范，确保他们能够按照既定的规则和程序进行协商，还包括了对员工行为的管理和约束，如对工作表现不佳或存在过失的员工进行公正、合理的奖惩。同时，劳动管理制度还详细规定了企业面对各种情况时应该如何处理，包括处理程序和具体的方式方法，以确保问题能够得到及时、恰当的解决。

通过劳动管理制度协商，企业和员工代表能够共同参与到规则的制定过程中，确保制度既符合企业的实际需求，又能够充分保障员工的权益。这样的协商过程不仅有助于促进劳动关系的和谐稳定，还能够为企业创造更加良好的工作环境，提升员工的工作积极性和满意度。

3. 规则协商

规则协商是指集体协商双方当事人就如何依法制定协商程序、制度、规定及对协商结果处理和涉及劳动关系调整与处理规则等问题而进行的商谈行为。规则协商主要是解决如何制定协商规则、劳动关系调整制度等问题。规则协商的主要内容有两大类：制度程序规则协商和纠纷处理程序规则协商。第一类是集体协商制度程序规则。制度程序规则是为更好开展和规范集体协商、履行集体合同而制定的，如制定协商规则、制度，规定集体协商原则，制定协商代表的产生办法及权利和义务的规定，制定集体合同履行保障制度（如履行情况报告制度、监督检查制度、紧急约见制度）等。第二类是集体协商、集体合同纠纷处理程序规则。纠纷处理程序是为避免和解决集体协商纠纷而制定的，如协商过程中产生纠纷时的解决办法和申诉程序，因履行、变更、解除、终止集体合同发生争议时的处理程序等。

二、按照集体协商覆盖的范围来划分

按照覆盖的范围，集体协商可以分为两类：企业集体协商以及行业性与区域性集体协商。其中，行业性与区域性集体协商又可分为全国性集体协商、产业（集团）级集体协商、行业性集体协商、区域性集体协商、企业集体协商。

1. 全国性集体协商

全国性集体协商又叫中央级集体协商，是指由企业的全国性组织与劳动者整体的全国性组织，就劳动关系的根本性问题举行的集体协商形式。举行中央级集体协商的国家比较少，世界上比较著名的有比利时、芬兰、挪威、爱尔兰、丹麦等国家。

2. 产业（集团）级集体协商

产业（集团）级集体协商由产业工会与相应的产业雇主团体就产业内劳动关系有关问题进行协商。这个级别的集体协商主要集中在西欧和北欧国家，如法国、荷兰、德国、意大利、西班牙等国家。产业谈判的优点有：第一，谈判结果对政府劳工政策和劳工立法有较大的影响；第二，制定产业通用的劳动规则，弥补劳动立法的不足；第三，为企业工会集体协商提供依据和标准。产业（集团）级集体协商谈判的内容有如何降低失业率、如何降低工作时间、边境职工的劳动权利及福利、女职工特殊保护等。目前，我国法律没有关于开展产业（集团）级集体协商的规定，但有这方面的实践，例如，上海有不少产业（集团）进行了产业（集团）级的集体协商。

3. 行业性集体协商

行业性集体协商是指在同行业企业相对集中的区域，由行业工会组织代表职工与同级企业代表或企业代表组织，为签订行业内集体合同或专项集体合同进行商谈的行为。行业性集体协商有助于针对行业的特点对本行业的突出问题进行改进，更好地协调行业劳动关系问题，减少劳动冲突和劳动纠纷。在突出行业特点的基础上，有助于推动劳动关系双方就各方的权利和义务制定更为合理、完善的行业集体合同，推动本行业劳动条件和劳动标准的整体提高。

4. 区域性集体协商

区域性集体协商是一种以行政区域，诸如镇、区、街道、村落、经济开发区、工业园区等为基本单位，由所在区域内的工会组织同相对应的企业组织或由区域内企业共同推选的代表共同参与的商谈活动。这种协商活动严格遵循国家的相关法律法规，旨在达成覆盖本区域所有企业的区域性集体合同。区域性集体协商在解决我国非公有制小企业发展过程中出现的各类劳动关系问题上起到了重要作用。鉴于非公有制小企业数量众多、分布广泛、规模相对较小以及职工流动性大的特点，劳动关系方面的冲突和纠纷更为常见。因此，实施区域性集体协商，不仅有助于加强职工的自我保护意识和能力，也有助于那些缺乏解决劳动问题经验的企业更好地调和劳动关系双方之间的矛盾，促进劳动关系的和谐稳定。

5. 企业集体协商

企业集体协商是指在企业内部，由企业方与劳动方，就本企业劳动关系具体问题，为签订企业内集体合同、专项集体合同或解决劳动关系问题进行商谈的行为。这种类型的集体协商在国际上主要出现在日本、韩国、美国和英国等国家。它包括企业集团层次的集体协商、企业工作场所的集体协商，以及像英国一些地方出现的车间或部门的集体协商。

企业集体协商既维护了劳动者的利益，同时也为用人单位的利益提供了一种保障。首先，职工方与用人单位进行协商，用人单位更易了解劳动者的真实想法，减少获取这些信息的人力、物力的支出，并且能够获得真实可靠的信息，为之后作出正确的决策奠定良好的基础。其次，通过实行集体协商制度，劳动者的权利得到切实保障，同时也使劳动者更全面地了解企业的发展状况和未来的发展方向，并以此作为劳动者今后工作的目标和使命。通过集体协商，劳动者与用人单位之间更能成为利益共享、风险共担的利益共同体，劳动者会为企业和自己的利益加倍努力，实现双方共赢的局面。最后，劳动关系双方发生冲突时，劳动者可能会采取比较极端的行为，给用人单位造成损失。如果双方长时间没有沟通，彼此会产生不信任和误解，形成一种恶性循环。定期的集体协商可以使双方的矛盾在沟通中化解，形成良好的劳动关系。

我国目前的集体协商主要是在企业这一层面上推行实施的。企业集体协商操作简单、灵活性强、经济实用性高。企业内部有效开展集体协商有利于协调劳动关系，预防和化解劳动关系纠纷，提高职工参与治理的积极性。

第三节　集体协商的内容与程序

一、集体协商的主要内容

《劳动法》第 33 条中规定："企业职工一方与企业可以就劳动报酬、工作时间、休息休假、劳动安全卫生、保险福利等事项，签订集体合同。"《劳动合同法》第 51 条中规定："企业职工一方与用人单位通过平等协商，可以就劳动报酬、工作时间、休息休假、劳动安全卫生、保险福利等事项订立集体合同。"因此，集体协商往往会围绕劳动报酬问题、工作时间问题、休息休假问题、劳动安全卫生问题、保险福利问题等展开。

1. 劳动报酬问题

第一，最低工资标准。劳资双方应参照国家和地方的相关法律法规，明确最低工资标准，确保劳动者的基本生活需求得到满足。

第二，加班工资和津贴。对于加班工资和津贴等特殊情况下的劳动报酬，双方应协商明确相关规定。

第三，工资支付方式和时间。双方应就工资支付方式和时间进行协商，确保工资按时足额支付。同时，应明确工资支付的周期和方式，如按月支付、按周支付等。

第四，工资增长机制。双方应协商建立合理的工资增长机制，根据企业经济效益、社会经济发展和劳动者个人表现等因素，适时调整工资水平，确保劳动者分享企业发展的成果。

第五，奖金和福利政策。双方应就奖金和福利政策进行协商，包括绩效奖金、年终奖、股票期权等激励措施，以及健康保险、住房补贴等福利政策。

第六，工资扣除和税费。在集体协商中，双方应明确工资扣除和税费的相关规定。扣除的项目应合法合规，税费应按照国家法律法规规定的标准缴纳。

2. 工作时间问题

双方应就每日工作时间进行协商，确保符合国家法律法规的规定。同时，应考虑工作效率和劳动者身心健康，合理安排每日工作时间。每周工作时间也应是双方协商的重要内容。应参照国家法律法规规定的每周工作时间，结合企业生产特点，确定合理的每周工作时间。此外，加班是劳动者超出正常工作时间提供劳动的情况。双方应协商制定加班政策，包括加班申请程序、加班工资计算方式和标准等，以保障劳动者的权益。随着工作方式的多样化，弹性工作时间也越来越受到关注。双方可就弹性工作时间进行协商，探索适合企业生产和劳动者需求的灵活工作安排。对于需要实行倒班和轮班制的企业，双方应就相关问题展开协商。应关注对劳动者生活节奏的影响，以及如何保障劳动者休息和健康。

3. 休息休假问题

休息和休假是劳动者的重要权益。休假权是指劳动者依照法律规定享有的带薪休假权利。劳动者有权根据工作年限和工种等因素，享受不同时长的带薪休假，并应在休假期间获得正常的工资待遇。劳动者可以自主安排自己的休息和休假时间，但需符合用人单位的生产和工作安排。用人单位应合理安排劳动者的休息和休假时间，确保劳动者有足够的时间进行休息和休养。同时，双方应遵守国家法律法规规定的最低休息休假时间标准。当劳动者与用人单位之间出现休息休假纠纷时，双方应首先通过协商解决。双方应就休息和休假制度进行协商，包括法定节假日、年假、病假等方面的规定，确保劳动者得到充分休息。协商无果的情况下，劳动者可向劳动监察部门投诉或通过劳动仲裁、诉讼等方式维护自己的权益。

4. 劳动安全卫生问题

确保劳动安全卫生是保障劳动者安全与健康的重要基础，集体协商时应就以下问题达成合意：第一，劳动安全卫生设施。双方应就劳动安全卫生设施的建设和维护进行协商，确保设施齐全、运行良好，为劳动者提供一个安全卫生的工作环境。第二，劳动防护用品。双方应协商确定所需的劳动防护用品，并制定合理的发放和使用制度，确保劳动者在工作时得到适当的防护。第三，职业病防治。双方应就如何预防职业病的发生、如何对职业病患者进行治疗和康复进行深入探讨，共同制定相应的措施和方案。第四，工伤保险与赔偿。工伤保险与赔偿是保障劳动者权益的重要环节，双方应协商确定合理的工伤认定标准、赔偿方式和标准，以及工伤保险的缴纳和管理办法，确保劳动者在发生工伤事故时得到及时、合理的赔偿。第五，女职工特殊保护。双方应协商制定针对女职工的特殊保护措施，包括但不限于适宜的工作岗位安排、定期健康检查等，以确保女职工的安全与健康。

5. 保险福利问题

在集体协商中，双方应就劳动者的保险种类进行协商。常见的保险种类包括养老保险、医疗保险、失业保险、工伤保险、生育保险等，双方应根据国家和地方的相关法律法规，确定必要的保险种类。此外，双方还应就各类保险的保险金额进行协商，确保劳动者在遭遇风险时能够得到足够的保障。福利项目是劳动者除工资之外的额外收益，包括年终奖、住房补贴、交通补贴、教育培训等，以满足劳动者的实际需求。双方应就福利标准、福利发放方式、福利保障范围等进行协商。从长期来看，劳资双方还应围绕福利调整机制进行协商。福利调整机制决定了福利的标准是否能够随着企业和市场的变化进行调整，双方应在协商中制定合理的调整标准和调整方式。

二、集体协商的程序

1. 集体协商会议组织

（1）会场准备。

会议工作人员需要先确定会场。由于集体会议对劳动关系双方来说都是为了争取自身利益而进行的博弈性商谈，协商代表双方在过程中都会感受到压力，因此，需要做到以下几点以缓解紧张的氛围：选择合适的会议地点，确保环境安静、设施完善，并符合参与者的数量需求；根据会议议程和目的，布置会场，包括设置主席台、安排座位、放置会议材料等；确保会议设施运行正常，如投影仪、音响设备、网络连接等，并准备备用设备以防万一；安排茶歇和休息时间，提供必要的饮食，以维持参与者的体力和精力。

（2）会议通知。

集体协商议题安排好之后，要确定会议议程并通知参加人员。会议通知应简明扼要，说明协商议题，会议时间、地点，参加人员、报到地点和时间。为了防止意外事件，应在会议通知上写明会议工作人员的联络电话，以便及时沟通。具体来说，应该做到：制定详细的会议通知，包括会议主题、时间、地点，参会人员名单等关键信息；确定通知发布渠道，如邮件、公告板、企业微信等，确保所有相关人员都能及时收到通知；设定回复截止时间，并要求参会人员确认参会意向，以便组织者提前做好准备。

（3）会议资料。

如果是劳动关系双方都需要的资料，可在会议之前分发，以便协商双方事先阅读资料，做好协商准备。这样有利于协商会议紧凑、高效开展。分发会议资料应有条不紊。如果资料多，需标上页码，加上小标题，并制作目录，以让人一目了然。此外，还需要制定会议议程和时间表，明确各个环节的时间安排和责任人；准备会议记录和表决工具，如纸笔、电子设备等，以便记录讨论过程和投票结果。

（4）会中组织。

会议召开后，双方协商代表按照议定的会议程序逐一进行协商。在这个过程中，主持人具有非常重要的作用，其主要工作为把控现场情绪，控制会议时间。在必要情况下，会议主持人能够提出可供选择的其他方法和程序以便推动某一话题继续进行，不应该偏袒某一观点或某种意见，应尽量公正、客观，鼓励所有成员积极参与讨论。会议过程中很可能涉及企业的商业秘密，会议工作人员应严格执行保密制度，不得泄露保密信息，同时，清点文件件数，及时归档，养成良好的保密习惯。

2. 集体协商会议法定流程

从各国的实践和法律规定来看，协商的过程大致类似。我国的《集体合同规定》规定，集体协商会议由双方首席代表轮流主持，并按下列程序进行：

（1）宣布议程和会议纪律；

（2）一方首席代表提出协商的具体内容和要求，另一方首席代表就对方的要求作出回应；

（3）协商双方就商谈事项发表各自意见，开展充分讨论；

（4）双方首席代表归纳意见。达成一致的，应当形成集体合同草案或专项集体合同草案，由双方首席代表签字。

集体协商过程中的临时提议，取得对方同意后，可以列入协商程序。

三、集体合同的拟定

集体协商并非一蹴而就的过程，往往需要经历数次博弈、中途暂停、各方深入讨论，以及多次重新确定谈判价格区间等会议环节。若协商未能达成共识，陷入僵局，双方可经协商决定中止谈判。中止协商的具体期限以及下次协商的时间、地点、内容应由双方共同商定，但中止期限一般不宜超过 30 天，以避免影响协商进程和合作关系的持续发展。在协商过程中，若出现事先未曾预见的问题或争议，双方同样可以通过协商决定中止谈判。中止协商的期限、下次协商的安排等细节也需双方共同商定，并确保中止期限不超过 30 天的合理范围，以便尽快恢复协商并寻求解决方案。

若协商取得圆满成功，双方达成共识，那么所形成的集体合同草案或专项集体合同草案应提交至职工代表大会或全体职工进行讨论，以确保合同内容得到广泛认可与接受。

1. 拟订集体合同草案的主体

一般来说，拟订集体合同草案可以有三种方式：一是由工会方面起草，二是由企业方面起草，三是工会方面和企业方面共同组织有关人员一起起草。从市场经济国家的实践来看，集体合同文本由工会方面起草的情况较多。从协商策略来看，起草原始文本的一方往往主导着整个协商过程。企业方应当把握主动权，而不是被动应战。

2. 拟订集体合同草案的基本要求

集体合同是集体协商的目标，为一种劳动法律文书，一旦签订生效，就对企业方全体人员具有约束力，因此，起草合同是一项十分严肃的工作。一份高质量的合同草案，将为集体协商奠定良好的基础，避免不必要的人力和时间上的浪费。在起草集体合同的过程中必须把握如下几个要点：

一是应参照有关法律、法规和政策以及同行业和具有可比性企业的情况，包括集体合同范本和其他与签订集体合同相关的资料等。

二是把握集体合同内容应当具备的法定要件，包括订立集体合同的双方主体须具有法定资格；集体合同的必备条款必须涉及劳动条件与劳动标准等内容；集体合同内容的协商条款可由劳动关系双方酌情议定；集体合同中应有明确的法律责任规定；集体合同应标明履行期限。

三是集体合同内容应从企业方实际出发，避免千篇一律、毫无特色的统一文本，并应当具体、具有可操作性，避免过于笼统、原则。

四是集体合同内容的格式应讲求规范，避免随意；文字表述应当准确明了、逻辑严谨，避免含糊不清、容易引起歧义的表述。

3. 拟订集体合同草案的法律规定要旨

在订立集体合同的过程中：第一，经双方协商代表协商一致的集体合同草案或专项集体合同草案应当提交职工代表大会或者全体职工讨论；第二，职工代表大会或者全体职工讨论集体合同草案或专项集体合同草案，应当有 2/3 以上职工代表或者职工出席，且须经全体职工代表半数以上或者全体职工半数以上同意，集体合同草案或专项集体合同草案方获通过；第三，集体合同草案或专项集体合同草案经职工代表大会或者职工大会通过后，由集体协商双方首席代表签字；第四，集体合同或专项集体合同期限一般为 1 年至 3 年，若期满或双方约定的终止条件出现，即行终止；第五，集体合同或专项集体合同期满前 3 个月内，任何一方均可向对方提出重新签订或续订的要求。

集体协商的集体合同草案的生效，必须经过以下三个法定程序：一是经职工代表大会审议通过。集体合同草案必须提交职工代表大会或者全体职工讨论通过。只有职工代表大会通过的草案，双方协商代表才能签字。二是签署。集体合同经职工代表大会审议后，由集体协商双方首席代表签字。三是报劳动行政部门审查及生效。签字后的集体合同必须提交劳动行政部门审查。这三个法定程序贯穿起草的全过程。

第四节　集体协商的策略和技巧

一、集体协商的目标和原则

根据我国《集体合同规定》第 5 条的规定，进行集体协商，签订集体合同或专项集体合同，应当遵循下列原则：遵守法律、法规、规章及国家有关规定；相互尊重，平等协商；诚实守信，公平合作；兼顾双方合法权益；不得采取过激行为。

在进行集体协商的过程中，劳动关系双方都会有各自的原则、立场，也会采取不同的策略与技巧。在中国特色社会主义制度下，我们开展集体协商、签订集体合同的总目标和原则应该是一致的，即维护职工权益，促进企业发展，构建和谐劳动关系。

因此，我们倡导劳动关系双方遵守如下原则。

1. 合法原则

集体协商、集体合同制度，作为调整劳动关系的关键法律机制，其实施过程必须严格遵循国家相关的法律法规和各项规定。无论是集体协商的参与主体、协商的核心议题，还是集体合同的制定流程，乃至集体合同的执行与监督环节，都必须确保不违背任何法律法规和规章制度的要求。这样才能保证制度的有效实施，维护劳动关系的和谐、稳定。

2. 相互尊重原则

相较于个别层次的劳动关系，集体协商中的劳动关系双方呈现出一种独立的态势。在此协商框架内，工会与用人单位之间不存在上下级的隶属关系，而是处于法律地位平等的状态。因此，协商过程中，双方应当秉持相互尊重、相互信任的原则，共享平等的权利，并避免使用指使、命令或威胁等不当手段对待对方。这样的做法有助于确保协商的公正和有效，促进双方达成互利共赢的协议。

3. 诚实守信原则

劳动关系既包含对立因素也包含合作因素。鉴于劳动关系的长期性特征，其存续过程中更多展现出的是合作性的一面。因此，劳动关系双方应建立起相互信赖和相互理解的关系。集体协商作为劳动关系双方间进行商讨和沟通的重要手段，旨在寻找共同点并达成共识。为实现劳动关系的和谐稳定，劳动关系双方应坚守诚实守信和公平合作的原则，明确界定各自的权利与义务，并共同确定合理的劳动条件。这样既有助于确保劳动关系的健康发展，又能促进形成双方互利共赢的局面。

4. 合作共赢原则

合作共赢原则应始终贯穿于集体协商的每一个环节。劳动关系双方的协商并非一场零和博弈，而是需要通过深入的交流和互相影响来寻求双方共同的认知和协议。在集体协商的过程中，要达到双方满意的结果，既要充分倾听和考虑职工的利益诉求，也应从企业的长远发展角度出发，寻找二者的平衡点。通过有效的协商机制，确保双方能够互利共赢，实现共同的目标。在遵循合作共赢原则的基础上，劳动关系双方应灵活运用各自不同的策略和方法，以促进集体协商的顺利进行，并达到预期的目标。

二、集体协商的策略模型

“策略”就是为了实现某一目标，预先根据可能出现的问题制定的若干对应的方案，并且在实现目标的过程中，根据形势的发展和变化来制定出新的方案，或者根据形势的发展和变化来选择相应的方案，最终实现目标。集体协商策略就是在协商过程中为己方获利所采取的协商方式和手段的集合。常见的集体协商中的策略模型有以下三种。

1. 零和博弈模型

这一模型的指导思路在于集体协商不可能达成双方共赢的效果。它是在分一块固定的蛋糕，总量是恒定不变的，双方为谋取更多的利益，必然存在一方失败，一方成功。因此，在这一策略模型的指导下，协商的结局就是“你死我活”，氛围上充满敌意，思想上无视对方诉求。

一般而言，该模型具有以下特征：事先就拟定好对抗立场与目标；过分夸大自己的态度；较早地公开立场；通过一个发言人做渠道沟通；尽量使对方所得越少越好；从来不允许讨价还价；总要使对方不平衡；总是用强制性的力量；分化并征服对方阵营，并保护己方免受对方分化；对方做妥协的方案就是成功的方案。

应用该策略模型的具体操作方式举例如下：雇主在面对工资议题时，无法保证劳动者在工资增长的情况下能够同比例地提高劳动生产率，因此，认定工资增长的幅度就是己方人工成本增加的幅度，就是工会或劳动者方无绩效情况下收入增长的幅度。对于此时的雇主来说，工资增长议题协商无异于一次零和博弈谈判。因此，双方的对立是非常直接和尖锐的。这也是传统的劳动关系理念上的立场和决策。

2. 共赢协商模型

这一模型是劳动关系在当前新理念下发展起来的，也叫作双赢模式、基于利益考虑的模式。它试图遵循以下原则：仔细地分析自己和其他方的利益需求，而不是盲目地预设谈判立场；有更高层次的信息交换；相对于以往的“如何分蛋糕”，更多地考虑如何“把蛋糕变大”；创造新的选择，从而促进利益共享而不是强调各自的利益；意识到程序与过程更重要。

应用该策略模型的具体操作方式举例如下：同样在工资议题上，持有此模型的雇主更可能将劳动者视为企业总利益和经营收益的“伙伴”。他们认定劳动者的工资增长对其工作绩效具有正相关的积极作用，进而能够增加企业的总体绩效和总利润，那么提高劳动者工资，其结果预估会是收入增长幅度大于人工成本增长幅度。对于雇主来说，工资增长议题协商更趋向于一次共赢协商，因此，双方的对立是表面的，其内在利益追求是一致的。

3. 混合模型

结合现实，完全对抗或完全互利的模式是难以达到的，因此，在某些点上对抗、在某些点上互利是集体协商更为现实的模式。在这一模型中，针对多个议题的讨论，策略是不同的：对某些议题秉持共赢理念，对某些议题认定为无法让步，或者说无法预估让步会导致己方的未来收益增加。

为什么我们说这一模型可能更常见或更现实呢？由前两个模型的分析可知，协商一方所采取的策略模型实质上是依托其对待议题的理念的。例如，当雇主将劳动关系的方方面面均视为对抗性的时，其所采取的策略也会是零和博弈；当雇主将劳动关系视为劳动关系双方和谐共赢发展时，协商中的议题会被认为对双方有利。现实中，不同理念下对待不同议题的观点是不一致的，同时每项议题下涉及的成本计算也不一样，这导致了协商方对于议题的议价区间和议价策略产生差异。

应用该策略模型的具体操作方式举例如下：当雇主经由往日的经验或整理数据（这一数据或经验是经过实践的，是对现状的更准确分析）认为，工资增长与企业的绩效具有正相关关系，福利却不被认为会对企业绩效产生影响，那么该雇主可能在工资增长上采取共赢的方式，以图企业绩效的增加，劳动者要求的福利则会被认为是消耗企业成本的因素，对此议题则不会过于宽容。

无论是哪种策略模型，都不能够说更好或者更糟糕，也不存在“万能的模型”。能够帮助取得更大利益的模型就是好模型。模型的选择受协商理念、协商过程走向、议题间关联等因素综合影响，因此，审时度势，立足于自身利益的考量，是选择策略模型的必要前提和要求。

三、集体协商的技巧

协商技巧的使用受诸多方面的影响：不仅要对对手在协商桌上的行为进行准确分析，还要对谈判力量、对方价值取向及期望值作出必要判断，以确定对方可能作出的最大让步。就具体的谈判技巧来看，应着眼于以下两点：一是改变对方的期望值和谈判底线的技巧，二是准确判断对方让步程度的能力。

如果工会或劳动者的谈判力量弱，罢工或消极怠工的成本高，那么企业便可以相应提高协商的期望值，在协商中采取强硬态度。由此可知，经济状况、经济形势及政府维稳、舆论压力等对企业谈判策略的选择具有不可忽视的影响，也是集体协商技巧采取的考量因素。具体来说，有以下几种谈判技巧。

1. 重点突破

转移对方的注意力，以求实现协商的重点目标。其做法就是声东击西，分散对方的注意力，实现协商的重要意图。雇主方对一项议题的执着关注，可通过其他议题的让步来实现该项议题的成功。这项议题必须是雇主方唯一重点关注的对象，是能够在未来的经营中获得潜在收益的。

2. 分工协作

使用“白脸”和“红脸”战术。“白脸”“红脸”交替出现，轮番上阵，直至达到目的。从雇主来看，总经理宜以较为严肃严格的形象出现，体现出该项议题在最终管理层决策过程中经过深思熟虑；人力资源代表等应尽量体现关怀劳动者的态度和立场，以期在协商过程中谋求与对方的和谐沟通。但是角色形象的选择并不固定，可以根据协商代表的个人形象和对某一议题的态度进行自由切换。比如，在对待裁员问题上，人力资源代表可以尽量表现得强硬，法律代表可以表现得温和。这样做的原因在于人力资源代表可能对这项议题更具有决策发言权，持坚定态度在结果上更有利。

3. 留有余地

在协商时，向对方提出的要求应当高于自己所期望的要求。当对方向你提出某些要求时，即使你能满足，也不必马上和盘托出，应留有余地，以备对方讨价还价。这一方法就是在重申协商底线和协商区间的重要性。在协商过程中，不宜过早暴露自身协商底线，应该在对方的议价区进行准确估计后进行讨价还价，并试图让对方以为自身已经作出巨大牺牲。

4. 学会让步

一是不做无谓的让步，应体现对我方有利的原则；二是让步要掌握火候，让得恰到好处；三是在重要问题上要力求使对方先让步，在较为次要的问题上，根据情况需要，自己一方考虑先做让步。可以将协商过程看作在一定议价区间内讨价还价的一场“表演”或“作秀”，让对方看到自己的诚意，同时，遮挡住自身的谈判底线。

5. 用事实和数据说话

事实胜于雄辩，雇主要学会用事实和数据说话，如本地区、行业职工的平均工资水平、当地政府发布的工资指导线、本企业劳动生产率、本企业财务数据等，以增强说服力。雇主也可以打苦情牌，对企业自身发展进行困境解剖，试图让对方产生企业经营不易但仍积极承担责任的印象。为此，应当做好有关资料、数据的收集工作。

本章小结

本章从集体协商的定义、特点、功能与作用，以及我国集体协商制度的历史沿革等方面进行了系统阐述。通过分析，集体协商作为协调劳动关系的重要法律制度，其核心目标在于通过企业与职工双方的平等对话和协商，解决劳动关系中的利益冲突，保障劳动者权益，并促进企业可持续发展。

我国集体协商制度具有鲜明的中国特色。其政治属性决定了协商机制注重“合作共赢”的理念；政府主导性确保了协商制度建设的推动力；劳资双方目标的一致性促成了劳动关系的和谐；而法律的保障为协商成果提供了有效的制度支撑。与西方对抗性谈判模式不同，我国的集体协商更强调沟通与合作，以“协商—和谐”为主要手段，实现劳动者权益与企业发展的双维护。

此外，集体协商制度在具体实践中通过搭建平等协商平台，在化解劳企冲突、增强工人集体力量、稳定劳动关系等多方面发挥了重要作用。它不仅促进了劳动关系的民主化和规范化，还推动了劳资双方共同体的形成，为企业生产经营创造了良好的环境。

从历史发展来看，我国集体协商制度的演进深受社会、经济环境及政策导向的影响。从最初的探索试点到逐步完善，集体协商已经成为我国劳动关系调整的重要机制之一。这一制度的形成过程反映了中国独特的政治、经济与社会环境对劳动关系治理的深刻影响，为进一步完善我国集体协商制度奠定了坚实基础。

主要术语

1. 集体协商：又称“平等协商”“集体协商”“劳动关系争议谈判”等，是协调劳动关系的法律制度。集体协商是指企业与职工双方就劳动关系有关事项开展平等协商的活动，也即，职工通过工会或选出的代表与用人单位或其联合组织，为协调劳动关系及确定企业或行业的劳动条件、报酬福利，或为签订集体合同而进行的商谈行为。

2. 全国性集体协商：又叫中央级集体协商，是指由企业的全国性组织与劳动者整体的全国性组织，就劳动关系的根本性问题举行的集体协商形式。举行中央级集体协商的国家比较少，世界上比较著名的有比利时、芬兰、挪威、爱尔兰、丹麦等国家。

3. 产业（集团）级集体协商：是指产业工会与相应的产业雇主团体就产业内劳动关系有关问题进行协商。这个级别的集体协商主要集中在西欧和北欧国家，如法国、荷兰、德国、意大利、西班牙等国家。产业谈判的优点有：第一，谈判结果对政府劳工政策和劳工立法有较大的影响；第二，制定产业通用的劳动规则，弥补劳动立法的不足；第三，为企业工会集体协商提供依据和标准。产业（集团）级集体协商谈判的内容有如何降低失业率、如何降低工作时间、边境职工的劳动权利及福利、女职工特殊保护等。目前，我国法律没有关于开展产业（集团）级集体协商的规定，但有这方面的实践，例如，上海有不少产业（集团）进行了产业（集团）级的集体协商。

4. 行业性集体协商：是指在同行业企业相对集中的区域，由行业工会组织代表职工与同级企业代表或企业代表组织，为签订行业内集体合同或专项集体合同进行商谈的行为。行业性集体协商有助于针对行业的特点对本行业的突出问题进行改进，更好地协调行业劳动关系问题，减少劳动冲突和劳动纠纷。在突出行业特点的基础上，行业性集体协商有助于推动劳动关系双方就各方的权利和义务制定更为合理、完善的行业集体合同，推动本行业劳动条件和劳动标准的整体提高。

5. 区域性集体协商：是一种以行政区域，诸如镇、区、街道、村落、经济开发区、工业园区等为基本单位，由所在区域内的工会组织同相对应的企业组织或由区域内企业共同推选的代表共同参与的商谈活动。这种协商活动严格遵循国家的相关法律法规，旨在达成覆盖本区域所有企业的区域性集体合同。区域性集体协商在解决我国非公有制小企业发展过程中出现的各类劳动关系问题上起到了重要作用。鉴于非公有制小企业数量众多、分布广泛、规模相对较小以及职工流动性大的特点，劳动关系方面的冲突和纠纷更为常见。因此，实施区域性集体协商，不仅有助于增强职工的自我保护意识和能力，也有助于那些缺乏解决劳动问题经验的企业更好地调和劳动关系双方之间的矛盾，促进劳动关系的和谐稳定。

6. 企业集体协商：是指在企业内部，由企业方与劳动方，就本企业劳动关系具体问题，为签订企业内集体合同、专项集体合同或解决劳动关系问题进行商谈的行为。这种类型的集体协商在国际上主要出现在日本、韩国、美国和英国等国家。它包括企业集团层次的集体协商、企业工作场所的集体协商，以及像英国一些地方出现的车间或部门的集体协商。

阅读文献

1. 唐镛，嵇月婷．集体协商与集体谈判．北京：中国人民大学出版社，2019.

2. 闻效仪．转型期中国集体协商的类型化与制度构建．北京：社会科学文献出版社，2016.

复习思考题

1. 工会在集体协商中的角色和作用是什么?

2. 按照不同的分类标准，集体协商有哪些类型?

3. 在集体协商中可以采取哪些策略和技巧?

4. 请寻找一个集体协商的案例，论述集体协商的内容、集体协商的参与主体、集体协商的流程及集体协商的原则如何在案例中得到体现。

第八章

企业民主管理与职工参与

学习目的与要求

1. 认识职工代表大会制度的作用和运行机制。
2. 理解厂务公开制度和职工代表大会制度的区别。
3. 了解职工董事和职工监事的角色与作用。

课前预习题

1. 什么是企业民主管理？
2. 企业民主管理的作用是什么？
3. 企业民主管理都有哪些形式？

引导案例

南通双弘纺织有限公司的民主管理[①]

南通双弘纺织有限公司（以下简称双弘公司）创办于1977年，于1982年成立工

① 资料来源：中工网-工人日报，http://news.cntv.cn/201202171105847shtml；吉功明，王瑞根. 创新开展“双推”活动 实现企业和职工“双赢”：江苏省南通市双弘公司的经验. 工会信息，2018（5）：2。

会，于2003年改制，专业从事高端混纺纱线的研发与生产。“双弘”成为中国驰名商标，双弘公司先后荣获全国先进基层党组织、全国模范劳动关系和谐企业、全国模范职工之家、全国守合同重信用企业、江苏省厂务公开民主管理示范企业，作为全国民营企业的唯一代表在全国纪念厂务公开20周年座谈会上作典型交流。

双弘公司制定了“职工创新建议奖励实施办法”，由劳模工匠技师创新工作中心牵头，每年进行征集、筛选、评审，召开创新奖励大会进行颁奖。只要对企业的发展提出建设性意见的，都给予现金奖励，奖金从100元至10 000元不等。员工关心企业发展，提建议、献计策层出不穷。从2004年至2022年，职工创新项目达1 823项，采纳应用1 195项，发放奖金212.9万元，有43项获得发明和授权专利。

职工民主管理有效融入双弘公司生产经营管理活动之中，使厂务公开成为团结职工的“黏合剂”，成为攻坚克难的“智多星”，成为转型升级的“助推剂”，成为高质量发展的“发动机”双弘公司成为中国化纤混纺纱精品基地、全国针织用纱研发基地、新型纤维应用创新基地。双弘公司坚持全员参与，突出尊重职工。厂务公开是职工主动担当作为，支持企业规范运行，防范经营风险和政治风险的正能量。内容全面、环节全程、对象全员，将企业管理权充分授予职工，广纳建言、广集民智。双弘公司坚持阳光运行，突出纪律规矩。建立“厂务公开实施细则”，明确公开内容、范围、程序。处理好决策权与监督权的关系，厂务公开与保守商业秘密的关系，协商民主与集中领导的关系，个人诉求与法律法规、政策制度的关系，确保厂务公开实实在在、深入持久有效运行。

此外，公司还创新实践“12345”平等协商工作机制，将民主管理融入企业文化，实现了共治共建、共享共赢的和谐局面。

“1”就是一把手承诺。从改制后的2004年起，董事长每年年初向职工承诺：职工工资年增长5%以上。在疫情时期，双弘公司坚持把“员工稳岗增收”作为总经理的主要任职目标，列入“工作目标责任状”进行绩效考核。

“2”是每年两次加薪。每年1月1日和7月1日都给员工加薪到位。每次加薪前一两个月，协商小组开展调研测算、座谈沟通、方案拟定，根据岗位技能、工作量、劳动强度等的差别，体现多劳多得、兼顾公平，保证职工对加薪心平气顺，加薪后干劲倍增。

“3”是三全过程。实行全员协商、全面协商、全程协商。全员协商，即对工资协商，员工都有知情权、参与权、表达权和监督权，职工代表在全体员工参与协商的基础上，提出议案，行使表决权。全面协商，即以工资为主，就劳动定额、工作时间、劳动安全、福利待遇、女职工特殊保护等所有涉及职工利益的事项都与员工商量，保证员工权益事事都能有着落。全程协商，即在每个环节上，都听取职工意见和建议，坚持沟通、协商、签约、审核、监督流程式操作。及时解决工资协商中出现的新情况、新问题，推动平等协商全面深入、扎实有效地开展。

“4”是四次公示。将调增方案、协商结果、当月绩效和个人全年收益全部公示。从董事长到每位员工的工资收入、“五险一金”、绩效考核、个税缴纳等，月月向职工公示，获得职工充分的信赖。

“5”是五个百分之百。合同签订率、工资普增率、保险覆盖率、工资及时打卡率、工资持续增长兑现率一直保持100%。

双弘公司的企业民主管理，坚定了员工们为企业奉献的信心和决心。人心稳、队伍稳、发展稳，职工年流动率在3%以下，职工对企业的满意率在95%以上。

第一节 企业民主管理概述

一、企业民主管理的概念

企业民主管理指的是企事业单位中的员工依照法律、规定和政策，参与单位的决策、管理和监督过程。这一过程要求企业管理层尊重、支持和确保员工能够行使知情权、参与权、表达权及监督权等民主权利。这种活动是一种有组织的、制度性的和规范性的活动。企业民主管理的主体涵盖了企事业单位中的所有成员：从经营管理层到技术人员，再到生产工人。在我国，实行民主管理是企事业单位管理的重要基石，其中，职工代表大会是我国企业民主管理的核心形式，为员工提供了一个行使民主权利的平台。企业工会则作为职工代表大会的执行机构，负责其日常运作。

随着企业规模和治理结构的不断演进与变革，职工代表大会制度也在与时俱进，持续地进行创新与发展。在大型集团企业中，为了更好地适应集团内部多层次、复杂化的管理需求，逐渐出现了集团内多层级职工代表大会的形式。这种形式的代表大会不仅有助于各层级员工参与到企业的决策和管理中来，还能确保不同层级的利益诉求得到充分的表达和平衡。

与此同时，在中小企业聚集的区域或行业中，为了适应中小企业管理上的特点和需求，逐渐涌现出了区域（行业）职工代表大会的模式。这种模式打破了企业间的界限，将同一区域或行业的中小企业员工汇聚起来，共同商讨行业发展大计，提升行业整体竞争力和发展水平。

在现代企业中，随着法人治理结构的日益完善，职工董事制度和职工监事制度也逐渐建立起来。这些制度不仅赋予了职工在企业决策层的话语权，确保职工的合法权益得到有效保障，还有助于提升企业决策的科学性和民主性，增强企业的凝聚力和向心力。

此外，厂务公开作为企业民主管理的重要前提和保证，也成了职工代表大会制度的有机组成部分。通过厂务公开，企业能够及时向员工公开企业的运营情况、财务状况以及重大决策等信息，提升了企业的透明度和公信力，也增强了员工对企业的信任感和归属感。

基于此，本书将企业民主管理定义为：企事业单位的职工依据一定法律与制度，通过一定的组织形式，直接或间接地参与影响组织成员利益决策的活动的总称。如果一个组织达到这种状况，即组织成员能够有效参与决策与管理，并且这种参与不是偶然为之，而是能够逐渐演变成管理者与被管理者都能够自觉遵守的制度，那么这样的组织就是民主参与的组织、民主管理的组织，或者说组织实现了不同程度的民主管理。

企业民主管理旨在通过建立一定的制度、明确相应的职权、建立健全与制度相配套的运作程序，及时、全面地向职工传达企业经营管理的真实情况、发展目标规划以及现实存在的困难和问题，充分反映和切实表达职工的真实意见和建议，以既保证职工参与企业决策、管理和监督权利的有效实现，又保证企业经营决策运营的科学性和可持续发展，构建和谐稳定的劳动关系，实现劳资两利共谋发展的目标。企业民主管理的关键是职工参与企业经营管理，使企业管理科学化并获得广泛的群众基础，而非直接地实施管理或者代替专业管理。

二、企业民主管理的形式

职工代表大会虽然是企业民主管理的核心形式，但它并不是孤立存在的。实际上，厂务公开制度、职工董事制度和职工监事制度，以及企业民主管理委员会、民主议事会、劳资恳谈会、民主协商会等，都是企业民主管理的多元化体系的重要组成部分和补充机制。这些制度和机制共同协作，形成了企业民主管理的完整框架，确保了员工在不同层面及角度都能有效地参与和监督企业的决策与管理。

1. 职工代表大会

职工代表大会是企业实行民主管理的基本形式，也是基层民主政治建设的基本制度。《企业民主管理规定》中明确规定：职工代表大会是职工行使民主管理权力的机构，是企业民主管理的基本形式。这是对我国企业民主管理制度建设、法治建设和实践经验的科学总结。职工代表大会制度有着充分的法律依据、政策支撑和实践基础。

2. 厂务公开制度

厂务公开是广大职工群体在推动基层民主政治进步、促进企业改革发展及增强企业内部民主管理方面的创新实践。其实施解决了职工在民主管理和参与中信息获取不足的核心问题。中央政府对厂务公开、村务公开和政务公开给予了高度重视，并将它们视为基层民主政治建设的重要形式予以肯定和推广。特别是中共中央办公厅、国务院办公厅《关于在国有企业、集体企业及其控股企业深入实行厂务公开制度的通知》（以下简称《两办通知》）的发布，进一步推动了这项制度的广泛应用。值得注意的是，《两办通知》强调了职工代表大会作为厂务公开的主要载体，并围绕如何充分发挥职工代表大会的作用提出了四项具体要求。这不仅丰富了职工代表大会的职权，也进一步促进了职工代表大会制度的完善和发展。

3. 职工董事制度、职工监事制度

职工董事制度和职工监事制度是根据法律规定，通过职工代表大会（或其他职工大会等形式）民主选举产生的代表，他们被选入董事会和监事会，以代表职工参与企业的决策和监督。在董事会中的职工代表被称为职工董事，而在监事会中的职工代表则被称为职工监事。这两种制度适应现代公司制企业的法人治理结构，为企业提供了一种新的民主管理形式。除了与其他董事会和监事会成员拥有相同的权利和义务，职工董事和职工监事还需真实反映职工群众的意见，积极维护职工的合法权益，并积极参与企业的决策过程。

4. 企业民主管理其他形式

除了之前提到的几种核心形式，企业民主管理还包括如企业民主管理委员会、民主议事会、劳资恳谈会、民主协商会、厂长（经理）信箱和班组民主管理等其他多种形式。这些形式大多数以企业行政方为主导，可以是定期或不定期的。然而，参与这些民主管理形式的人员相对有限，且重点更多地放在沟通协调上，通常不具备决策权，也缺乏正式的制度保障。这些形式虽然有其局限性，但在企业民主管理中仍扮演着重要的角色，有助于增进员工与管理层之间的沟通与合作。

5. 企业民主管理各种形式之间的关系

企业民主管理形式之间的关系表现为：职工代表大会作为企业民主管理的基石，是职工行使民主权利的核心机构，其决议和决定对企业及职工具有约束效力。其他所有的民主管理形式都是以职工代表大会为核心进行设计和实施的，它们的目标都是服务于职工代表大会。

而厂务公开则是确保以职工代表大会为基础的企业民主管理制度得到实施的重要前提和保障。在缺乏知情权的情况下，职工代表大会的民主选举、协商、决策、管理和监督功能都将受到严重限制。厂务公开制度并不是独立于职工代表大会之外的另一套体系，而是为职工代表大会的顺利召开创造条件和提供支持。职工代表大会是实现厂务公开的主要渠道和平台。

职工董事制度和职工监事制度必须建立在职工代表大会的基础之上。这两个制度中的代表，即职工董事和职工监事，都是通过职工代表大会的民主选举产生的，他们必须对职工代表大会负责。职工董事和职工监事将职工代表大会的意见和建议传达给董事会和监事会，有利于提高职工代表大会在企业管理决策和监督过程中的直接参与度和影响力。同样，职工代表大会制度也为职工董事和职工监事提供了有效的支持，使他们能够更好地履行职责，发挥更大的作用。

因此，其他的民主管理形式作为职工代表大会制度的补充，可以进一步完善和丰富其内涵。它们能够填补微观层面民主协商过程中可能出现的空白和不足，与职工代表大会制度形成良好的互补关系，共同推动企业管理的不断完善。

三、企业民主管理的作用

企业民主管理充分反映和真实表达员工的意见与建议，既保障员工参与企业决策、管理和监督的权利得到有效实现，又确保企业的经营决策具有科学性和可持续性。通过促进员工参与企业的经营管理，企业民主管理不仅推动了管理的科学化，还为企业赢得了广泛的群众基础。具体来说，企业民主管理发挥着以下几个方面的重要作用。

1. 企业民主管理充分体现了全心全意依靠工人阶级的方针

我国是工人阶级领导的、以工农联盟为基础的人民民主专政的社会主义国家。人民拥有当家作主的权力。企业推行民主管理既是我们党坚定不移的主张，也凸显了我们党作为工人阶级先锋队的本质。企业推行民主管理，为工人阶级提供了最直接、最基础、最有效的渠道来行使他们的主人翁权力。为了保障职工的主体地位，国家通过立法确立了职工在国家治理中的主人翁地位，并赋予他们参与企业民主管理的权利。这样的制度设计确保了职工的政治权利得到切实保障。通过确保职工参与企业的民主决策、管理和监督，进一步强调了职工的主人翁地位，同时也落实了党和政府提出的依靠职工发展企业的理念。

2. 企业民主管理是建立中国特色企业管理制度的应有之义

企业民主管理是专业管理与民主参与的融合，民主管理是企业管理不可或缺的一环。劳动者的参与不仅有助于塑造一支充满责任感和团队精神的职工队伍，更能激发职工为企业发展贡献智慧和力量的积极性。在实现企业目标的同时，职工也能实现自身价值的提升。因此，推动企业民主管理，依赖职工力量办企业，是企业经营管理和生存发展的必然要求。在完善现代企业制度的过程中，不仅要优化所有者与经营者的关系，还需解决涉及职工切身利益的劳动关系问题，以协调企业所有者、经营者与职工之间的关系。以职工代表大会为基石的企业民主管理制度，能够有效补充法人治理结构的不足，通过股东会、董事会、经理层、监事会、党组织和职工代表大会的相互独立、权责明确、协调运作和有效制衡，构建更加完善的企业管理体系。

3. 企业民主管理是和谐社会建设的重要组成部分

劳动关系的和谐与否直接关系到广大职工和企业的切身利益，以及经济的稳定发展和社会的和谐安宁。当前，劳动关系的主体及其利益诉求日趋多元化，导致劳动关系矛盾逐渐凸显且频发。劳动争议案件数量居高不下，部分地区拖欠农民工工资等侵害职工权益的现象依然明显，集体停工和群体性事件也时有发生。这些都表明，构建和谐劳动关系的任务既艰巨又繁重。实现劳动关系的和谐关键在于建立和完善劳资双方平衡的机制与制度，确保劳动标准和利益分配的合法性与合理性。通过实行企业民主管理，可以引导职工群众以合法有序的途径和合法理性的方式充分表达自己的利益诉求，既有利于维护职工合法权益，又能够妥善处理各种利益矛盾，做到在共建中共享，在共享中共建。

四、工会在企业民主管理中的角色

1. 参与规章制度制定

企业工会应该参与企业内部各项规章制度的制定，特别是关系到员工切身利益的方面，通过将员工的意愿反映上来，并与企业方进行协商和讨论，进行企业内部的“立法”，这样可以从源头上确立和维护员工的合法权益。同时，这种参与也可以让企业的规章制度获得合法性和合理性基础，通过各种制度化渠道转化为可以控制的双方共同遵守的规则，尽量使资本、劳动、管理、技术各尽其社会功能，从而有利于企业的管理。此外，工会应当监督企业规章制度的执行情况，对违反法律法规和规章制度的情形，有权提出异议并要求纠正。企业工会提供了一种员工参与的制度化渠道，不管是组织福利活动、动员员工投入生产、组织员工参与企业文化建设，还是组织员工参与制定或讨论企业有关自身利益的规章制度，以及参与讨论企业的生产经营规划等，都是员工参与的重要形式。

2. 组织召开职工代表大会

职工代表大会制度中，工会主要做好职工代表述职活动、职工代表大会议程安排、民主评议中层领导干部、落实提案、处理职工意见建议、组织职工代表巡视检查等工作。工会通过代表资格限制、提案或议案限制、会议程序限制（对什么事情用什么方式表决，对什么事情在什么代表范围内讨论，对什么事情采用什么程序等）等方式，一方面，尽量使企业管理层的意图能够获得程序上的通过，从而具有合法性；另一方面，也将职工的要求进行筛选，然后有选择性地实现，争取使职工获得基本的满意。企业工会的工作是将广大职工整合到体制中去，工会成为企业管理层的“助手”。因此，在企业管理层与职工间出现分歧时，工会并不是向上施加压力，而是传达信息，调停两边，以达成一致。

3. 督促落实厂务公开制度

厂务公开制度是我国企业民主管理的重要形式，其目的是保障员工的知情权、参与权和监督权，提升企业管理透明度和员工满意度。作为员工利益的代表，工会在厂务公开制度的落实中扮演着至关重要的角色：首先，工会可以参与制定厂务公开的相关政策，确保政策充分反映员工的利益诉求；其次，工会通过积极开展厂务公开的宣传教育工作，可以提高员工对厂务公开的认识和参与度；再次，工会还能够发挥监督职能，确保厂务公开制度得到有效执行；最后，工会通过建立完善的反馈机制，可以及时收集员工的意见和建议，针对工会工作存在的问题进行调整和改进，将员工的反馈与企业管理层进行沟通，寻求合理的解决方案，促进企业的持续发展。

4. 完善职工董事、职工监事制度

企业工会在保障职工董事和监事制度方面发挥着重要作用。首先，企业工会可以组织职工参与职工董事和职工监事的选举、任命工作，确保选举、任命的公正、透明和合法。企业工会还可以对候选人的资格进行审查，确保其具备相应的素质和能力，能够胜任职工董事和职工监事的工作。其次，企业工会能够定期组织职工董事和职工监事进行培训和指导，提高其履职能力和业务水平，增强职工董事和职工监事的法治观念和履职能力。再次，企业工会能够建立健全职工董事和职工监事的沟通机制，及时了解其履职情况和困难，为其提供支持和帮助。最后，企业工会可以建立健全职工董事和职工监事的考核机制，对其履职情况进行全面评估，将考核结果作为激励和约束的依据。通过建立完善的激励机制，企业工会可以有效地推动职工董事和职工监事制度建设，激发职工董事和职工监事的履职积极性和创造力。

第二节　职工代表大会制度

一、职工代表大会制度的概念

职工代表大会制度，是指包括经营管理者与劳动者在内的全体职工通过职工代表大会实行民主管理所必须共同遵守的一整套运行规程和活动准则。职工代表大会是职工行使民主管理权力的机构，是企业民主管理的基本形式。

一般而言，职工代表大会制度是企业内部设立的民主管理机制。自改革开放以来，随着企业形态的多元化发展，职工代表大会制度也相应地进行了调整。特别是在众多中小微企业中，职工同样渴望参与管理并享有相应权利，但这些企业单独组织职工代表大会面临一定困难，因此发展出了区域（行业）职工代表大会这种新的形态，以满足这些企业职工行使民主管理权利的需求。同时，随着跨地域、跨行业的集团企业兴起，集团企业职工代表大会产生了。企业单独构建的职工代表大会制度是其基本形态；而由多个企业联合参与的，或企业内部不同层级（如集团、总公司层面的职工代表大会），则构成了其特殊形态。尽管这些特殊形态的职工代表大会在职权设定、职工代表的选举及比例分配等方面与基本形态有所不同，但它们均为企业实施民主管理的基本途径。

二、职工代表大会的职权

1. 知情权

知情权指的是职工代表大会中的职工代表有权知晓并获取企业的相关情况。职工代表通过职工代表大会这一平台，聆听企业管理层关于发展规划、年度生产经营管理、企业改革、重要规章制度制定、用工情况、劳动合同及集体合同签署与执行情况等直接关乎员工切身利益的具体实施细节。知情权是职工代表大会发挥职能的基石，若职工代表对关乎员工切身利益的事项一无所知，职工代表大会便无法展开讨论、提出见解，更无法作出明智的决策。唯有在充分享有知情权的基础上，职工才能基于准确的信息作出有效的判断与决策。

2. 建议权

建议权，即职工代表大会的职工代表在充分掌握信息的前提下，针对企业经营管理理念、规划、目标、规则、流程，以及管理过程中的实际情况，特别是涉及员工切身利益的事项，通过职工代表大会提出相应建议与意见的权利。职工在大会上审议企业生产经营决策、提出见解与建议，能够汇聚员工的智慧与力量，使经营方案更加完善，减少或避免决策失误。这既是对企业行使生产经营决策权的支持，也有助于员工在民主管理的实践中学习管理知识，提升参与管理能力，推动企业整体管理水平提升。

3. 决定权

决定权，是指职工代表大会的职工代表有决定涉及职工切身利益重大事项的权利。决定权具有鲜明的法定性、权威性、强制性。根据《劳动法》等法律法规，集体合同草案需提交职工代表大会或全体员工讨论通过。职工代表大会有权审议并批准集体合同草案、企业福利基金使用方案、住房公积金与社会保险费缴纳比例及时间调整方案、劳动模范推荐人选等重大事项。部分地方性法规与部门规章还规定，企业关于劳动报酬、工作时间、休息休假、劳动安全卫生、保险福利、员工培训、劳动纪律及劳动定额管理等直接关乎员工切身利益的规章制度或重大事项，必须经职工代表大会审议通过。

4. 选举权与被选举权

选举权与被选举权，是指职工代表大会的职工代表在职责范围内，遵循既定程序，根据自己的意愿，选举特定人员担任代表或某项职务，同时也有被选举担任这些代表或职务的权利。选举权具有可放弃性、利益性与意志性，具体表现为职工代表有权参与提名候选人，参与讨论、酝酿、协商候选人名单，参与投票选举等活动。随着市场经济体制与现代企业制度的建立健全，职工代表大会的选举权越来越多地体现在选举职工董事、职工监事，选举进入破产程序企业的债权人会议与债权人委员会中的职工代表，以及根据授权推荐或选举企业经营管理人员等方面。通过职工代表大会民主选举产生的职工董事、职工监事及企业领导人员等，需向职工代表大会负责，接受其监督，代表员工意志。职工代表大会的民主选举有助于拓宽企业领导人员的选拔渠道，打破选拔过程中的局限性。

5. 监督权

监督权是指职工代表大会的职工代表在职权范围内，遵循一定程序，对企业执行劳动法律法规与劳动规章制度的情况进行审查监督，民主评议企业领导人员，提出奖惩建议乃至罢免的权利。监督权是职工代表大会不可或缺的职权，主要包括检查、批评、控告、罢免等权利。职工代表大会的监督权有助于建立与强化企业自我约束机制。随着社会主义市场经济体制的建立与完善，作为独立经济实体的企业需要建立一套有效的自我约束与监督机制。职工代表大会的监督属于自下而上的群众监督，有助于增强企业的法律责任意识与社会责任意识，督促企业依法办事、规范经营，同时维护员工合法权益，构建和谐劳动关系。

三、职工代表大会的组织构成与任期

1. 职工代表大会代表的组织构成

《企业民主管理规定》第 9 条规定：“职工代表大会的代表由工人、技术人员、管理人员、企业领导人员和其他方面的职工组成。其中，企业中层以上管理人员和领导人员一般不得超过职工代表总人数的百分之二十。有女职工和劳务派遣职工的企业，职工代表中应当有适当比例的女职工和劳务派遣职工代表。”

依据该规定，职工代表大会的职工代表必须源自企业内部，涵盖普通员工、技术人员、管理人员及领导层，旨在让各类企业职工都能通过各自的代表来表达利益需求，确保职工代表大会具备全面的代表性。为了保障企业内不同利益群体均有对应的职工代表，应以班组、工段、车间、科室等基层单位为选举基础，由职工直接投票选出代表。这一做法同样是增强职工代表大会代表性的有效策略。

2. 职工代表大会的任期

《企业民主管理规定》清晰界定，职工代表大会的每届任期设定为 3 年至 5 年的区间内，具体年限则由职工代表大会依据本单位的具体状况来确定。若因某些缘由需提前或延后举行换届选举，此决定应由职工代表大会或其正式授权的机构来作出。这一条款不仅涵盖了职工代表大会的届期设置与换届流程，同时也对职工代表的任期作出了相应的规定。中华全国总工会办公厅《关于规范召开企业职工代表大会的意见》也明确规定："企业职代会实行届期制，每三至五年为一届，到期应当及时换届。"

四、工会与职工代表大会制度

工会是职工代表大会的工作机构。职工代表大会的主体是职工代表。职工代表虽采取常任制且不脱产，各自肩负工作职责并分散于不同岗位，但若无一个组织中心作为其核心，仅凭职工代表的自发行动，职工代表大会恐将沦为松散架构，难以凝聚成坚定团结的集体，无法有效行使各项职权，亦将无从施展其民主管理职能。工会作为职工代表大会运作的核心机构，实质上扮演着组织中心的关键角色。

工会是民主管理的积极推动者与具体组织者，在长期实践中积累了丰富经验。借助职工代表大会，工会能更有效地施展自身职能，完成既定任务。相关法律法规亦明确规定工会应承担职工代表大会运作枢纽的职责，为工会负责职工代表大会日常运作、组织监督职工代表大会决议执行等提供了坚实的法律、政策支撑。

1. 职工代表大会工作机构的具体职责

根据相关法律、法规、规章，工会作为职工代表大会的工作机构，应履行好以下职责：

（1）规划职工代表大会代表选举方案，组织职工选举代表及代表团（组）负责人。

（2）搜集职工代表提案，提出职工代表大会讨论议题的建议。

（3）负责职工代表大会会议的筹备与组织工作，提出会议议程建议。

（4）拟定职工代表大会主席团构成方案及成员建议名单；规划专门委员会（小组）的设立方案及成员建议名单；根据自荐、推荐情况，在广泛听取职工意见基础上，提名职工董事、职工监事候选人。

（5）向职工代表大会报告决议执行情况、提案办理情况及厂务公开实施情况等。

（6）在职工代表大会闭会期间，组织专门委员会（小组）及职工代表就决议执行、提案办理及厂务公开等情况，开展巡视检查、质询等监督活动。

（7）受理职工代表的申诉与建议，维护其合法权益。

（8）向职工普及民主管理理念，组织职工代表学习培训，提升其综合素质。

（9）建立并管理职工代表大会工作档案。

（10）根据职工董事、职工监事需求，向其通报相关情况并提供必要资料。

2. 工会作为工作机构的主要工作内容

（1）负责职工代表大会的日常运营。

向职工普及民主管理理念，激发他们的主人翁意识，鼓励他们积极参与民主管理并正确行使权利；组织选举职工代表；负责提案的收集与处理，确保代表们能够认真收集并处理这些提案；提出职工代表大会议题的建议，并负责大会的筹备与组织工作，包括选举主席团、安排会议程序、组织小组讨论、安排大会发言、听取各方意见、协同相关部门起草大会决议等；主持职工代表团（组）长和专门小组负责人的联席会议；大会闭幕后，协助代表向职工传达大会精神，并组织和动员职工执行大会决议；组织专门小组进行调研，向职工代表大会提出建议，并监督大会决议的执行情况；开展民主管理宣传教育，组织职工代表学习政策法规和管理知识，提升他们的综合素质；受理职工代表的申诉和建议，维护他们的合法权益；完善职工代表大会的文档管理工作；向同级党委和上级工会报告职工代表大会的工作情况；其他职工代表大会所需的工作。

（2）完善职工代表大会的制度体系。

制度体系的完善是职工代表大会实现制度化、规范化的关键。根据《全民所有制工业企业法》《全民所有制工业职工代表大会条例》及相关法规、政策，工会应结合本单位实际情况，建立全面、有效的制度，包括会议制度、工作机构议事和工作制度、选举制度、提案处理制度、职能机构工作制度、职工代表日常活动制度、监督检查制度等。应将这些制度明确写入职工代表大会的工作条例或实施办法中，该条例或办法需由党、政、工三方共同制定并认可，然后在职工代表大会上表决通过。一旦确定，不得随意更改。

（3）加强职工代表大会的组织架构。

职工代表大会的组织架构建设首先是工会自身的建设。工会需适应民主管理和职工代表大会的工作需求，优化专职干部结构，更新工作观念，改进工作方式，并加强对民主管理、职工代表大会相关理论、政策和法律的学习与研究，以提升自身素质。其次，要充实和完善职工代表大会的职能机构，确保它们有权有责，能够独立自主地开展工作。此外，还需建立从工会到职能机构的各级组织机构的责任制度，引入科学管理原则，构建基层民主管理的层级责任制。

（4）强化职工代表大会的人才队伍建设。

职工代表大会的人才队伍建设主要指的是职工代表队伍的建设。首先，职工代表经选举产生后，应保持队伍的相对稳定性，避免无故改选或撤换，以增强他们的责任感和归属感，从而确保职工代表大会组织的稳定性和工作的连续性。其次，优化结构是提高职工代表大会整体素质的关键。在确定代表结构时，需具有全局观念，保持各方面人员的合理比例，使职工代表大会能够全面代表职工利益，具备权威性和公信力。最后，要全面提高职工代表的素质，既要加强培训，使他们掌握行使民主管理权利所需的法律、政策和管理知识，又要鼓励和支持他们独立自主地开展工作，从而提升他们的理论素养和实践能力。

第三节　厂务公开制度

一、厂务公开制度的概念

厂务公开制度，是指企事业单位遵循相关法律法规及政策，通过职工代表大会或其他适宜途径，向全体员工公开、通报与本单位改革发展稳定及职工切身利益密切相关的重大决策和重要事务，旨在为职工参与决策、管理及监督工作奠定基础的程序规范或行为标准。此处的“厂”是一个广义概念，涵盖了工业、交通、建筑、金融、财贸等多个行业领域内的各类公司、工厂以及教育、科技、文化、卫生、体育等事业单位（为便于表述，以下统一称为“厂务公开”）。而“公开”，则是指通过一定方式向职工公布、展示并说明相关信息，鼓励职工参与公开流程，同时倾听职工意见，接受其民主监督。

厂务公开的内容并非事无巨细，而是聚焦于那些与职工利益息息相关、广受职工关注的重大事项。这些事务的公开，不应仅仅是简单的宣告或通知，而应深入揭示其决策背景、操作规范、实施步骤及最终成效，确保信息的全面性与透明度。

二、厂务公开的内容

根据《两办通知》和《企业民主管理规定》等的相关规定，企业推行厂务公开的核心内容聚焦于企业经营管理的重大议题及劳动关系详情，尤其是关乎职工切身利益的规章制度和管理层廉洁从业的相关信息。具体涵盖以下三大方面。

1. 企业重大经营决策公开

厂务公开的核心内容涵盖了企业经营管理的基础情况，如发展规划、年度生产经营状况，以及企业在改革过程中制定的重要规章制度等。对于公有制企业而言，公开内容进一步拓展至重大经营决策层面，包括投资与生产管理的重要决策、企业改制与重组计划、并购与破产策略、关键技术改造项目、员工裁减与安置方案等。此外，还涵盖企业中长期规划、年度生产经营目标及其达成情况、担保事项、大额资金运作与资产处置、工程项目招投标、物资采购与供应、产品销售与盈亏、承包合同履行、内部经济责任制落实及重要规章制度制定等核心信息。

2. 涉及职工切身利益方面的问题公开

厂务公开的内容主要涵盖了劳动法律法规的执行情况，劳动合同的签订与履行，以及关于职工薪酬、晋升、奖金分配、奖惩与福利的详细情况，同时，还包括了为职工提供的各项社会保障基金缴纳情况，如养老保险、医疗保险、工伤保险、失业保险和生育保险等。此外，这些内容也涉及职工的招聘流程、专业技术职称的评聘标准，以及评选优秀员工的条件、数量和结果。对于职工的住房问题，公开内容还包括了购房、售房政策，住房公积金的管理情况，以及企业公积金和公益金的使用方案。当然，安全生产和劳动保护措施，以及职工的培训计划也是这些公开内容的重要组成部分。在公有制企业中，涉及职工切身利益的问题同样被重视。其中，职工薪酬的晋升、工资奖金的分配情况，以及专业技术职称的评聘情况等，都是与职工利益紧密相关的事项，因此也需要公开透明。

3. 企业领导层建设与党风廉政建设公开

企业民主管理不仅关乎职工基本权益，更涉及对企业领导层的监督与考察，体现了我国社会主义民主集中制原则，以确保领导层决策公正、透明，维护职工与企业整体利益为旨归。公开内容主要涵盖对企业领导人员的民主评议结果、中层领导及关键岗位选拔任命情况、干部廉洁自律规定执行情况、业务招待费用明细、管理层薪酬、奖金、兼职收入、补贴、住房待遇、公务用车及通信设备使用情况，以及出国（境）费用支出等。

三、厂务公开的实现形式和原则

1. 厂务公开的实现形式

实施厂务公开，必须依托一定的途径。职工代表大会作为厂务公开的主要平台，与厂务公开制度紧密相连，二者相互支持、互为补充。要确保厂务公开取得实效，就必须严格按照相关规定，保障职工代表大会切实履行其各项职能：可以进一步完善职工代表大会对企业领导人员的民主评议制度，坚持将集体合同草案提交职工代表大会讨论通过，以及向职工代表大会报告企业业务招待费使用情况、企业领导人员廉洁自律情况、集体合同履行情况等重要事项。此外，在国有及国有控股的公司制企业中，还应由职工代表大会选举产生职工董事、职工监事等，不断丰富职工代表大会的内容，提升其质量和效果，切实保障职工的知情权、审议权、表决权、决定权和评议监督权，建立起符合现代企业制度要求的民主管理制度。在职工代表大会闭会期间，应充分发挥职工代表团（组）长联席会议的作用。

2. 厂务公开的原则

《企业民主管理规定》第 33 条规定：企业实行厂务公开应当遵循合法、及时、真实、有利于职工权益维护和企业发展的原则。实行厂务公开应当保守企业商业秘密以及与知识产权相关的保密事项。根据这一规定，企业在实行厂务公开时应遵循以下原则：

（1）依法公开。企业要依法进行厂务公开，这是对公开依据的要求。要按照《宪法》《工会法》《公司法》《劳动法》《劳动合同法》《全民所有制工业企业职工代表大会条例》等国家法律法规和相关地方性法规，依照《两办通知》和《企业民主管理规定》《学校教职工代表大会规定》《国有文化企事业单位职工代表大会实施办法（暂行）》《国务院办公厅关于进一步完善国有企业法人治理结构的指导意见》等的具体规定，采用合法合规的方式和流程来实施厂务公开。

（2）及时公开。企业在公开信息时，必须注重时效性。这是公开工作的关键要素。事前公开旨在让职工预先了解公开事项的背景、政策导向及实施方案，广泛收集职工的意见和建议，持续优化方案，赢得职工的理解与支持；事中公开以确保职工能够实时掌握公开事项的实施进展，便于职工全程监督，并激发职工的参与热情；事后公开则是为让职工知晓实施结果，接受职工的评议与监督。

（3）真实公开。企业在公开信息时，必须坚持实事求是。这是公开工作的核心要求。既要避免虚假公开，防止因隐瞒真实情况而误导职工判断，给后续实施带来隐患，影响企业改革发展和职工队伍稳定，也要避免选择性公开，即只公开无关紧要的小事，而对企业重大决策、人事任免、项目安排、资金运作、领导廉洁从业情况，以及涉及职工切身利益的重要规章制度、重大事项的决策与执行情况等关键信息，不敢或不愿全面、真实地公开，进行暗箱操作，逃避职工监督。

（4）科学、合理公开。厂务公开旨在平衡职工权益与企业发展，因此，企业应结合自身实际情况，依法依规科学、合理地确定公开的内容和范围。对于涉及商业秘密和知识产权的敏感信息，应严格保密；而对于其他非敏感信息，则应进行全面、深入的公开，以实现职工权益的维护与企业的可持续发展。

四、厂务公开与民主管理的关系

1. 厂务公开与企业民主管理的关系

厂务公开构成了企业民主管理的关键环节，其核心在于保障职工民主权利的充分行使。作为民主管理的核心组成部分，厂务公开致力于向广大职工提供必需的信息与知识，进而为职工行使参与权、表达权及监督权铺设道路。单纯的“公开”并不足以构成全面的民主管理，还需在“公开”的基础上，积极倾听职工的意见与建议，接受他们的监督，并按照既定程序提交职工代表大会审议或决策。因此，厂务公开仅仅是企业民主管理架构中的一项核心制度，与其他民主管理制度一起构建了完整且系统的民主管理架构。

为了切实捍卫职工的合法权益，并推动企业可持续发展，厂务公开成为企业民主管理中不可或缺的一环。公开的核心价值在于真实与透明，唯有职工能够实时获取精确的信息，他们方能有效地参与企业的管理和监督。这种参与不仅巩固了职工的政治主体地位，还在制度层面确保了职工当家作主的权利得到落实。通过厂务公开，职工能更深入地了解企业的运营状况，提出富有建设性的意见与建议，从而在参与企业改革与管理的实践中，不断提升自身的政治意识、文化素养及业务能力。因此，厂务公开不仅是企业民主管理的基础，更是提升职工综合素质，推动企业和谐、稳定发展的坚强后盾。

2. 厂务公开与职工代表大会的关系

厂务公开制度并非独立于职工代表大会制度之外，而是其不可或缺的基石。它是职工代表大会制度的延伸与深化。从这一层面而言，它自然地融入了职工代表大会制度之中，而非民主管理的一种全新模式。然而，自厂务公开制度诞生以来，在政府的积极推动下，它已在国有企事业单位中发展成为一项可独立运行的制度。这一制度既有政策与法规的支撑，又具备独特的活动内容与特点，因此，亦可被视为职工民主管理的一种新形态。在实施这一制度时，需遵循一系列具体的原则与内容要求。职工代表大会为厂务公开的主要平台，这一角色定位由厂务公开制度的目标、使命以及职工代表大会的宗旨与性质共同决定。

无论是厂务公开还是职工代表大会，它们的核心宗旨都在于推动企业民主管理的深入实践。厂务公开不仅追求信息的公开、透明，更致力于激发广大职工积极参与企业的决策、管理和监督过程的热情。这种参与精神与职工代表大会所倡导的企业民主管理理念高度契合。职工代表大会作为企业民主管理的基本框架，其制度设计科学、代表广泛、权威性强，能够充分展现厂务公开所蕴含的民主价值。因此，职工代表大会构成了厂务公开的主要通道，两者共同构筑了企业民主管理的坚实基石。

（1）职工代表大会依法履职是厂务公开的坚实后盾。

依据我国法律法规及相关制度，职工代表大会是企业民主管理的核心形式。企业需公开重大决策、经营管理的重要议题，以及关乎职工切身利益的各项事宜，并开展对企业领导人员的民主评议等活动。这些措施确保了职工代表大会能够依法行使职权，保障职工的知情权与监督权。若在职工代表大会闭会期间由职工代表团（组）长和专门小组负责人联席会议形成决议，则事后必须按规定向职工代表大会报告并请求确认。这一机制确保了职工代表大会制度的严格执行，维护了职工的合法权益，推动了企业的民主管理进程。

（2）职工代表大会相关制度是厂务公开的有效载体。

为确保职工代表大会充分行使职权，发挥应有作用，《全民所有制工业企业职工代表大会条例》就建立职工代表大会专门小组（或专门委员会）、职工代表团（组）长与专门小组负责人联席会议以及车间、班组的民主管理等方面作出了明确规定。这些既是职工代表大会的重要补充和辅助形式，也是厂务公开的有效实施途径。相关配套制度还包括职工代表大会民主评议企业领导人员制度，集体合同草案提交职工代表大会讨论通过制度，以及就企业业务招待费使用情况、企业领导人员廉洁自律情况、集体合同履行情况等企业重要事项向职工代表大会报告制度等。这些制度不仅为职工参与管理提供了广阔舞台，也显著提升了厂务公开的透明度与公信力。

（3）准确把握厂务公开内容与职工代表大会职权的关系。

厂务公开的内容与职工代表大会的各项职权并非一一对应关系。厂务公开涉及企业重大决策、生产经营管理等方面的重要议题，其中多数属于职工代表大会审议建议的范畴。然而，部分内容如企业兼并、破产方案中的职工裁员、分流、安置方案等重大事项，必须经职工代表大会审议通过。对于企业改革/改制方案、兼并/破产方案等企业重大决策的公开要求，也与关于职工代表大会审议建议权的规定存在一定程度上的差异。职工代表大会不仅提出意见和建议，还通过厂务公开广泛听取职工意见，并提交职工代表大会审议。未经职工代表大会审议的事项不应实施。因此，在处理这些事务时，不能简单地将厂务公开的内容等同于职工代表大会审议建议范畴，而应明确区分其不同职责与角色，以确保企业民主管理的有效实施。

五、厂务公开中的多主体及其责任

厂务公开是一项跨企业多个层级与部门的综合性任务，它要求党政工会紧密协作，共同努力。为了确保这项工作的顺畅推进，必须坚持党委的集中领导，党政双方共同担责，相关部门主动介入，并广泛吸纳职工的意见和建议。这种组织领导体制和工作模式对于厂务公开工作的成功开展至关重要，是确保取得实效的核心所在。在厂务公开的具体执行中，多方协作是保障工作顺利推进的关键要素。一般而言，这一协调领导架构涵盖了党委组织部门、政府国有资产监管部门、工会、工商业联合会等多个单位。尽管各级机构的构成单位可能有所差异，但它们都应明晰各自职责，充分发挥自身优势，形成紧密的协作机制，共同推动厂务公开工作不断深化。

1. 各级党委的核心责任

各级党委应将厂务公开工作与党建工作相结合，为企业提供明确的指导与支持。通过融合厂务公开与党群共建，党委应激励职工依法有序地参与基层民主活动，充分发挥党组织的政治引领作用，为厂务公开的实施提供坚实的组织保障。同时，党委还需加强对企业领导团队和领导人员廉洁从业情况的监督，不断完善企业领导团队和领导人员向职工代表大会报告工作与廉洁从业情况的制度，以此确保企业领导层的廉洁自律，有效维护企业的稳定与和谐。

2. 各级组织部门的指导责任

各级组织部门需承担指导职责，结合企业领导团队和党员干部队伍建设，推动企业建立健全基层党组织，并推动厂务公开工作的深化。同时，要确保这项工作被纳入企业领导团队和领导人员的考核评价体系，以推动和完善职工代表大会对企业领导人员的民主评议制度。民主评议的结果应作为奖惩和任免企业领导人员的重要参考，以确保民主管理的实效性。

3. 各级人民政府国有资产监管机构的监管责任

各级人民政府国有资产监管机构需强化对国有企业的监管，将厂务公开工作的推进作为重要内容；应指导并督促国有企业建立健全职工代表大会制度，确保涉及职工切身利益的重大决策与执行、企业领导人员的廉洁从业情况以及重要规章制度的制定与执行等，成为职工代表大会民主评议的关键议题，这些评议结果应成为对企业领导人员进行奖惩和任免的重要依据；同时，应指导和监督国有公司制企业建立健全职工董事制度和职工监事制度，将职工代表大会与法人治理结构紧密结合，以此完善公司制企业的法人治理结构，并建立规范有效的内部监督与约束机制，从而提升企业的整体管理水平。

4. 各级企业代表组织的协调责任

工商业联合会等各级企业代表组织应积极发挥指导和协调作用，推动各类企业全面实施和完善厂务公开制度；通过加强工作指导和监督检查，引导企业管理者秉持依靠职工、共同发展的理念，营造和谐的企业文化，自觉履行社会责任；同时，应不断完善职工代表大会等民主管理制度，为职工提供参与企业管理的途径，并关注职工的人文需求，促进企业与职工的共同发展。这些举措旨在构建和谐的劳动关系，提升企业竞争力，实现社会经济的可持续发展。

5. 各级工会领导机关的引领责任

各级工会领导机关承担着重要的引领职责，应致力于引导和支持下级工会组织的各项工作。为了推动企业的民主管理进程，各级工会领导机关应督促企业建立和完善以职工代表大会为核心的民主管理制度，确保厂务公开工作得到全面执行。在这一过程中，各级工会领导机关还需指导企业确立并规范厂务公开和职工代表大会的相关制度（包括提案、报告、工作制度），明确厂务公开的内容、流程和考核标准。此外，针对公司制企业，各级工会领导机关还应推动建立和完善职工董事、职工监事制度，并制定相关的履职规范。通过这些举措，各级工会领导机关应确保各项民主管理制度能够深入融入企业的日常经营活动中，鼓励并组织广大职工积极参与企业的管理决策。同时，各级工会领导机关还应对企业履行民主程序的情况进行监督，确保企业的决策能够及时向职工公开，并落实职工代表大会的各项决议，从而促进职工队伍的稳定和整个社会的和谐发展。

第四节 职工董事、职工监事制度

一、职工董事和职工监事制度概述

1. 职工董事和职工监事

职工董事，是遵循法律程序，经职工代表大会民主选举而产生的董事会正式一员。他们承载着职工的重托，于董事会中代表职工行使决策权，肩负着捍卫职工权益的重任。同样地，职工监事是依据法律，通过职工代表大会的民主选举流程遴选出的监事会正式成员，他们代表职工在监事会中发挥监督作用，确保公司运营合法合规。

职工董事与职工监事，他们身兼二职，既是职工的代表，进入董事会和监事会，又是全体职工与公司的责任人。作为职工的代表，他们需对职工负责，积极反映并维护职工的利益；而作为董事会或监事会的成员，他们还需从公司整体利益出发，对公司的发展负责。在行使职权时，他们既要为职工发声，又要兼顾公司的长远发展。他们深知，公司的命运与职工的利益息息相关，维护公司利益与保障职工权益非但不矛盾，反而相辅相成。

与其他董事和监事相比，职工董事和职工监事享有相同的权利和义务，但他们还肩负着特殊的使命，即密切关注职工的合理需求，积极维护职工的合法权益，确保职工的声音在公司决策中得到充分重视。因此，职工董事和职工监事的存在，不仅为职工参与公司决策和管理开辟了新途径，也为公司的发展增添了新的动力和稳定性。他们通过认真履行职责，实现了职工利益与公司利益的和谐、统一，促进了双方的共赢发展。

2. 职工董事制度、职工监事制度

职工董事与职工监事制度，是指经由职工代表大会选举产生的，代表职工利益并正式加入公司董事会与监事会的成员，依据法律规定参与董事会决策及监事会监督的一系列流程、权利义务界定及职责履行要求的总称。该制度主要包含以下四大方面的内容：

一是公司章程需明确设立职工董事与职工监事的必要性，以及他们在公司决策与管理、监督权利行使方面的具体规定。这包括但不限于根据公司治理结构判断是否设立职工董事与职工监事，以及他们在董事会与监事会中的比例、具体人数预留与确认等的规定。

二是有关职工董事、职工监事通过职工代表大会民主选举、罢免和监督的资格条件、提名办法和程序规则。

三是与职工董事、职工监事的职责、权利和义务等相关的各项规定，包括对职工董事、职工监事应享有的权利和待遇、应负的义务和责任等的相关规定，为职工董事、职工监事参加各种会议、查阅文件资料、调查研究提供条件而建立的各项工作制度，为提高职工董事、职工监事的业务素质和参与监督能力而建立的学习培训等方面的制度。

四是职工董事、职工监事向职工代表大会负责，在职工代表大会上述职，接受职工代表评议监督，以及职工董事、职工监事与工会开展维权活动等相互关系的规定等。

3. 设立职工董事、职工监事的规定

公司设立职工董事、职工监事应当根据《公司法》及相关法律、法规、政策的规定进行。《企业民主管理规定》第 37 条明确规定：公司应当依法在公司章程中明确规定职工董事、职工监事的具体比例和人数。《中华全国总工会关于加强公司制企业职工董事制度、职工监事制度建设的意见》要求：督促公司在设立（或改制）的初始阶段，依照相关法律规定在董事会、监事会中预留职工董事、职工监事的席位，并在公司章程中予以明确规定。职工持股会选派到董事会、监事会的董事、监事，一般不占职工董事、职工监事的名额。

（1）关于公司设立职工董事的规定。

依据《公司法》的规定，有限责任公司董事会成员为 3 人以上，其成员中应当有公司职工代表职工人数 300 人以上的有限责任公司，除依法设监事会并有公司职工代表的外，其董事会成员中应当有公司职工代表。董事会中的职工代表由公司职工通过职工代表大会、职工大会或者其他形式民主选举产生。

公司设立董事会并设立职工董事的，应当在公司章程中对职工董事人数以及与董事会成员人数的比例加以明确。《中华全国总工会关于进一步推行职工董事、职工监事制度的意见》要求：董事会中职工董事的人数和比例应在公司章程中作出明确规定。职工董事的人数一般应占公司董事会成员总数的 1/4；董事会成员人数较少的，其职工董事至少 1 人。

（2）关于公司设立职工监事的规定。

根据《公司法》的规定，无论是有限责任公司、国有独资公司还是股份有限公司，设监事会的，必须设立职工监事。监事会中的职工监事的比例不得低于监事会成员的1/3，具体比例由公司章程规定。这意味着所有公司监事会应当设立职工监事，职工监事人数比例要写入公司章程。

二、职工董事、职工监事的选举与任免

1. 职工董事、职工监事任职的基本条件

职工董事与职工监事需依法通过职工代表大会的选举程序产生。其候选人应由公司的工会在广泛听取职工意见的基础上提出，并需获得职工代表大会全体代表过半数的支持方可当选，选举结果需报上一级工会备案。公司应依法在公司章程中明确规定职工董事、职工监事在董事会、监事会中的具体比例及人数，并确定工会主席、副主席作为职工董事、职工监事候选人的优先地位。职工董事、职工监事候选人需为本公司员工，与公司存在正式的劳动关系。根据《中华全国总工会关于加强公司制企业职工董事制度、职工监事制度建设的意见》的规定，职工董事、职工监事人选的基本条件是：与公司存在劳动关系；能够代表和反映职工合理诉求，维护职工和公司合法权益，为职工群众所信赖和拥护；熟悉公司经营管理或具有相关的工作经验，熟知劳动法律法规，有较强的协调沟通能力；遵纪守法，品行端正，秉公办事，廉洁自律；符合法律法规和公司章程规定的其他条件。遵循职工董事、职工监事任职回避原则，坚持公司高级管理人员和监事不得兼任职工董事，公司高级管理人员和董事不得兼任职工监事。公司高管的近亲属，不宜担任/兼任职工董事、职工监事。

根据《国有独资公司董事会试点企业职工董事管理办法（试行）》的规定，担任国有独资公司董事会职工董事应当具备下列条件：经公司职工民主选举产生；具有良好的品行和较好的群众基础；具备相关的法律知识，遵守法律、行政法规和公司章程，保守公司秘密；熟悉本公司经营管理情况，具有相关知识和工作经验，有较强的参与经营决策和协调沟通能力；《公司法》等法律法规规定的其他条件。

根据相关法律、法规、政策的要求，职工董事、职工监事的人选需满足以下标准：

（1）需具备出色的政治素养和坚实的群众基础，拥有一定的威望和影响力，能够有效代表并传达职工群众的意愿和需求。

（2）应掌握一定的经营管理知识，熟悉相关法律、政策，具有专业知识及工作经

验，对公司生产经营管理的各个环节有深入了解，具备较强的决策参与和监督执行能力，以及良好的沟通协调能力。

（3）需秉持公正无私、坚守原则的态度，勇于为职工群众发声办事，能够坚决抵制违纪行为和不正之风，在职工与管理层出现分歧意见时，能够立足于企业发展和职工利益的双赢角度，坚持并表达正确的观点和立场。

（4）需为本公司的正式员工。

公司工会的主席、副主席，无论是专职的还是兼职的，都是职工权益的坚定代表和维护者，他们最符合上述各项条件，因此应被视为职工董事、职工监事候选人的首选。这完全符合设立职工董事、职工监事的初衷，即全面、真实地反映公司职工的利益诉求和意见建议。

2. 职工董事、职工监事任职的禁止性规定

为避免职工代表与其所代表的职工群体发生利益冲突，《公司法》规定的不能担任董事、监事的人员，不得担任职工董事、职工监事。《企业民主管理规定》要求，公司高级管理人员和监事不得兼任职工董事，公司高级管理人员和董事不得兼任职工监事。《国有独资公司董事会试点企业职工董事管理办法（试行）》规定，公司党委（党组）书记和未兼任工会主席的党委副书记、纪委书记（纪检组组长）以及公司总经理、副总经理、总会计师不得担任公司职工董事。《中华全国总工会关于加强公司制企业职工董事制度、职工监事制度建设的意见》规定：遵循职工董事、职工监事任职回避原则，坚持公司高级管理人员和监事不得兼任职工董事，公司高级管理人员和董事不得兼任职工监事，公司高管的近亲属，不宜担/兼任职工董事、职工监事。

3. 职工董事、职工监事的提名及产生流程

根据相关法律规定，职工董事与职工监事需从公司同级工会领导及本公司其他职工代表中选拔产生。其候选人的确定，应在广泛吸纳职工意见的基础上，由公司工会进行提名，并经公司党委（党组）审核后上报上级工会；对于未设立党组织的公司，则由上一级工会进行审核。候选人的来源可以多样化，既可以由公司工会根据自荐、推荐情况，在充分听取职工意见后提名，也可以由超过 1/3 的职工代表或超过 1/10 的职工联名推荐，还可以由职工代表大会联席会议直接提名。通常，公司工会主席、副主席应作为职工董事、职工监事的重点考虑人选。

职工董事与职工监事需遵循相关法律法规及工作程序，由公司职工代表大会以民主选举的方式产生。对于尚未建立职工代表大会制度的公司，应组织职工或职工代表选举产生职工董事、职工监事。选举过程中，应采用无记名投票及差额选举的方式，

以确保选举的公正和透明。选举结束后，应对选举结果进行公示，并由公司工会向上级工会进行报备。

4. 职工董事、职工监事的任期管理

（1）职工董事与职工监事的任期应与公司其他董事、监事保持一致，任期届满后，若符合条件，可连选连任。这一规定旨在确保职工董事、职工监事与其他董事、监事在法律地位上平等，同时也有利于保持其在董事会、监事会中的工作的协调和连续。

（2）对于兼任工会主席、副主席的职工董事、职工监事，若其工会职务任期短于职工董事、职工监事任期，其职工董事、职工监事职务可以任满，也可根据公司工会换届选举的结果，按照法定程序进行替换。

（3）职工董事、职工监事任期届满，若欲连选连任，需按照原选举程序，经职工代表大会重新选举并通过。

（4）若职工董事、职工监事与公司解除或终止劳动合同，其任职资格自动失效。

三、职工董事、职工监事的权利、义务和履职保障

1. 职工董事的权利

依据相关法律法规，职工董事与公司其他董事享有同等的权益，包括有权参与董事会的各项活动，并行使以下董事会的职权：决定公司的经营计划及投资方案；制订公司的利润分配、亏损弥补方案；制订公司增资、减资及发行公司债券的方案；制订公司的合并、分立、解散或变更形式方案；决定公司内部管理机构的构建；决定公司经理的聘任与解聘及其报酬事宜，同时根据公司经理的提名，决定聘任与解聘副经理、财务负责人及其报酬事项；制定公司的基本管理制度等。在董事会进行投票表决时，职工董事与其他董事一样，享有平等的投票权，即一人一票制。

2. 职工监事的权利

根据有关法律、政策的规定，职工监事与公司其他监事享有同等的权益，并有权参与行使以下监事会的职权：检查公司财务；监督董事及高级管理人员执行职务的行为，对违反法律、行政法规、公司章程或股东会决议的董事及高级管理人员提出解任的建议；在董事及高级管理人员的行为损害公司利益时，要求其予以纠正；提议召开并在董事会不履行召集和主持股东会会议职责时，召集和主持股东会会议；向股东会

会议提交提案；依法对董事及高级管理人员提起诉讼等。

3. 职工董事与职工监事的职责/义务

根据相关法律法规的要求，职工董事、职工监事与其他董事、监事一样，均须恪守法律、行政法规及公司章程，对公司尽到忠诚与勤勉的义务。他们不得滥用职权谋取私利，包括收受贿赂、非法收入，或侵占公司资产；也不得从事以下行为：擅自挪用公司资金；以个人名义或其他个人名义开设账户存储公司资金；未经股东会或董事会批准，擅自借贷公司资金或为公司外部人员提供担保；违反公司章程或未经股东会同意，与公司进行交易或订立合同；利用职务之便，为自己或他人谋取公司商业机会，或从事与公司相同类型的业务；收受与公司交易相关的佣金并据为己有；擅自泄露公司机密；其他违反忠诚义务的行为。董事、监事若在执行职务时违反法律、行政法规或公司章程，给公司带来损失，则需承担赔偿责任。

此外，职工董事与职工监事还需承担以下职责：

（1）不断学习并深入理解党和国家的政策导向、法律法规，提升专业能力和履职水平，严格遵守法律法规及公司章程。

（2）定期收集职工意见与需求，在董事会与监事会上全面、真实、准确地传达职工声音，代表并维护职工合法权益，积极参与决策与监督过程。

（3）密切关注公司发展动态，树立全局观念，在维护职工权益的同时，平衡出资人、公司及职工之间的利益关系。

（4）执行职工代表大会决议，定期向职工代表大会汇报工作，接受监督、质询与考核。在董事会、监事会会议中，就职工代表大会决议事项发表意见并行使表决权。

（5）执行股东会、董事会及监事会的决议，维护公司利益及经营者权威，保守公司机密，廉洁奉公。

（6）履行法律法规及公司章程规定的其他职责。

4. 职工董事与职工监事的履职保障

为确保职工董事与职工监事有效履行职责，公司应提供以下保障措施：

（1）公司应确保职工董事与职工监事依法依章开展工作，提供必要的工作条件，包括适宜的工作场所、全面的经营管理信息资料；及时通知其参加相关会议并保障其发言与表决权利，以及提供合理的经济待遇等。

（2）职工董事与职工监事在任期内劳动合同期满时，劳动合同自动延长至其任期结束。

（3）除因个人严重过失或丧失劳动能力外，公司不得以履行职务为由解除职工董事、职工监事劳动合同或进行不利的岗位变动。公司单方面解除职工董事或职工监事劳动合同时，需事先通知工会。若工会认为公司的行为违反法律法规或合同约定，有权要求重新处理，公司应研究工会意见并以书面形式回复，否则不得解除劳动合同。

（4）职工董事、职工监事因履行职责而占用工作时间的，有权享受正常出勤待遇。

四、职工董事、职工监事与公司制企业法人治理机构的关系

职工董事与职工监事，作为由职工代表大会民主选出的代表，肩负着代表职工利益进入公司法人治理结构，参与公司管理与监督的任务。公司法人治理结构是一个涵盖了股东会、董事会、监事会、经理层、党组织以及职工代表大会的系统组织架构，这一架构共同构成了经营管理公司的核心体系。而职工董事与职工监事与这一法人治理结构的关系，具体而言，就是他们与股东会、董事会、监事会、经理层、党组织以及职工代表大会之间所建立的互动与协作关系。

1. 职工董事、职工监事与股东会的关系

职工董事与职工监事构成了公司董事会与监事会的重要成员。依《公司法》的相关规定，董事会及监事会均须向股东会承担责任。作为董事会与监事会的成员，职工董事与职工监事同样需向股东会负责，但此责任并非由个人直接承担，而是通过他们所属的职工代表大会来体现。职工董事、职工监事在董事会与监事会中依法行使职权，最终由这两个机构集体向股东会负责。由于职工董事与职工监事由职工代表大会选举产生，他们实际上是通过向职工代表大会负责，实现对股东会的责任承担。这种责任机制既符合公司的根本利益，也符合公司的长远发展方向，与直接向股东会负责是一致的。

2. 职工董事、职工监事与董事会的关系

根据《公司法》赋予董事会的职责，董事会主要负责公司经营方面的重大决策，如制定经营计划、投资方案、财务预算与决算、利润分配方案，以及决定公司内部机构设置与管理层人事等。职工董事的职责在于代表职工在董事会中参与公司重大问题的研究决策，行使建议权与表决权。而职工监事则有权依法对董事会成员等高级管理人员进行监督。职工董事、职工监事与董事会之间的关系，实际上是公司职工利益与股东利益在董事会中的体现与平衡。他们作为职工代表大会的代表，在董事会中发挥联系、沟通的作用，同时体现职工代表大会的民主参与、管理与监督功能。因此，许多公司采取先让职工代表大会对董事会决策草案进行审议，再由职工董事将意见带入

董事会的方式，以确保职工董事充分发挥作用。

3. 职工董事、职工监事与监事会的关系

监事会作为公司的监督机构，主要负责监督公司的经营状况以及董事会与经理层是否存在违法违纪行为。职工监事在监事会中代表职工行使监督权利，包括对董事会成员、高级管理人员以及公司的经营和财务活动进行监督。职工董事作为董事会成员，需依法接受监事会的监督。职工监事通过参与监事会的会议和活动，积极反映职工意见、发表建议，以发挥职工的监督作用。职工监事可以通过职工代表大会民主评议公司经营管理人员，并将评议结果在监事会上反映，由监事会向董事会、股东会通报，为公司的用人决策提供参考。职工监事还可以监督董事会和高级管理人员的履职情况及公司经营管理情况，检查职工代表大会决议的落实情况，从而实现对企业生产经营和职工权益维护的全方位监督。

4. 职工董事、职工监事与经理层的关系

职工董事、职工监事主要通过参与董事会、监事会的工作来影响经理层的经营管理。经理层根据董事会的授权负责公司的具体经营管理，执行董事会决议，并向董事会负责，同时接受监事会的监督。因此，职工董事、职工监事分别通过参与董事会、监事会的决策、提出质询建议，以决议形式间接地对经理层实施监督。他们还可以在职权范围内约见高级管理人员，提出意见。此外，职工董事、职工监事还可以列席与其职责相关的公司行政办公会议和生产经营工作重要会议，代表职工代表大会和职工反映对经理层的意见并实施监督。

5. 职工董事、职工监事与党组织的关系

职工董事制度与职工监事制度体现了党对国有企业的领导原则，体现了党与工人阶级的紧密联系，以及党组织在推动企业发展中的核心作用。这对于巩固党的执政基础，推动企业党建工作深入基层与职工，团结更多职工听党话，跟党走具有重要作用。职工董事与职工监事需接受公司党组织的思想政治领导，而公司党组织则负责加强公司民主管理制度建设，引领公司依靠职工办企业的政治责任，并支持职工董事、职工监事依法履行职责。

6. 职工董事、职工监事与职工代表大会的关系

职工董事、职工监事与职工代表大会的关系，是一种被选举者向选举者负责的关系。《企业民主管理规定》《中华全国总工会关于进一步推行职工董事、职工监事制度的意见》《中华全国总工会关于加强公司制企业民主管理工作的意见》《中华全国总工会关于加强公司制企业职工董事制度、职工监事制度建设的意见》等文件都明确规定，职工董事、职工监事的候选人应当经职工代表大会全体代表过半数通过方可当选。《中华全国总工会关于加强公司制企业民主管理工作的意见》还规定：要坚持职工董事、职工监事必须依法由职工代表大会选举产生。必须明确职工董事、职工监事是职工代表，对职工代表大会负责，在董事会、监事会会议上，要按照职工代表大会的有关决议发表意见，全面、真实、准确地反映职工代表大会的意见和建议，表达和维护职工合法权益和利益诉求；要定期向职工代表大会报告工作，接受职工代表大会的质询和监督。职工董事、职工监事不履行职责或者有严重过错的，经 1/3 以上的职工代表联名提议、职工代表大会全体代表的过半数通过，应当予以罢免。

五、职工董事、职工监事与工会的关系

职工董事、职工监事与企业工会之间存在着紧密的关系，工会在职工董事、职工监事的产生流程、管理活动及服务支持中扮演着关键角色。工会不仅是职工权益的代言人与捍卫者，还是职工代表大会的执行机构，因此，推动职工董事制度及职工监事制度的建立健全，对工会而言是义不容辞的责任，工会应当成为职工董事、职工监事履行职责、开展工作的坚实支撑。作为职工代表大会的执行机构，工会还肩负着组织企业民主管理、推动职工董事与职工监事制度建设，以及进行相关组织、服务与协调工作的重任。

一是根据自荐、推荐情况，在充分听取职工意见的基础上负责职工董事、职工监事候选人提名，组织召开职工代表大会选举职工董事、职工监事，并报上一级工会备案。

二是协调有关方面建立职工董事制度、职工监事制度及其各项工作制度，承担职工董事、职工监事的日常联系工作，并积极为职工董事、职工监事参与公司的决策提供有关法律法规、政策文件等信息资料和咨询等服务，根据职工董事、职工监事的要求通报有关情况并提供相关资料。

三是在涉及职工切身利益的重要规章制度制定、重大事项决议以及执行过程中，向职工董事、职工监事提供职工的相关意见。

四是为职工董事、职工监事召开座谈会、走访职工、开展调查研究活动等做好组织工作和提供相应的服务。

五是认真了解职工董事、职工监事履行职责的工作情况，组织职工代表对职工董事、职工监事履职情况进行无记名投票测评，主要内容应包括出席董事会和监事会会

议、就相关决议事项开展调查研究、反映职工诉求和意愿等履职活动的记录，以及勤勉尽职程度和履行职责的能力等方面的情况。

本章小结

企业民主管理指的是企事业单位中的员工依照法律、规定和政策，参与单位的决策、管理和监督的过程。企业民主管理形式多样，包括厂务公开制度、职工董事制度和职工监事制度，以及企业民主管理委员会、民主议事会、劳资恳谈会、民主协商会等。工会在企业民主管理中的角色包括参与民主管理规章制度的制定，组织召开职工代表大会，督促落实厂务公开制度以及完善职工董事和职工监事制度。

主要术语

1. 企业民主管理：企业民主管理指的是企事业单位中的员工依照法律、规定和政策，参与单位的决策、管理和监督的过程。这一过程要求企业管理层尊重、支持和确保员工能够行使知情权、参与权、表达权及监督权等民主权利。

2. 职工代表大会制度：职工代表大会是企业实行民主管理的基本形式，也是基层民主政治建设的基本制度。《企业民主管理规定》明确规定：职工代表大会是职工行使民主管理权力的机构，是企业民主管理的基本形式。这是对我国企业民主管理制度建设、法治建设和实践经验的科学总结。职工代表大会制度有着充分的法律依据、政策支撑和实践基础。

3. 厂务公开制度：厂务公开是广大职工在推动基层民主政治进步、促进企业改革发展及增强企业内部民主管理方面的创新实践。其实施解决了职工在民主管理和参与中信息获取不足的核心问题。中央政府对厂务公开、村务公开和政务公开给予了高度重视，并将它们视为基层民主政治建设的重要形式予以肯定和推广。特别是《两办通知》的发布，进一步推动了这项制度的广泛应用。值得注意的是，《两办通知》强调了职工代表大会为厂务公开的主要载体，并围绕如何充分发挥职工代表大会的作用提出了四项具体要求。由此不仅丰富了职工代表大会的职权，也进一步促进了职工代表大会制度的完善和发展。

4. 职工董事制度、职工监事制度：职工董事和职工监事是根据法律规定，通过职工代表大会（或职工大会等其他形式）民主选举产生的代表，他们被选入董事会和监事会，代表职工参与企业的决策和监督。在董事会中的职工代表被称为职工董事，而在监事会中的职工代表则被称为职工监事。这两种制度是适应现代公司制的法人治理结构，为企业提供了一种新的民主管理形式。除了与董事会和监事会其他成员拥有相同的权利和义务，职工董事和职工监事还需真实反映职工的意见，积极维护职工的合法权益，并积极参与企业的决策过程。

阅读文献

1. 李玉赋．基层工会组织建设与企业民主管理工作概论．北京：中国工人出版社，2018.

2. 刘元文．职工民主管理理论与实践．北京：中国劳动社会保障出版社，2007.

复习思考题

1. 工会在职工代表大会制度中的角色是什么？

2. 工会在厂务公开制度中的角色是什么？

3. 职工董事和职工监事应该如何处理角色冲突？

4. 请收集企业开展民主管理活动的案例，思考其采用了何种形式的企业民主管理方式。

5. 请结合当下的时代发展趋势，思考企业民主管理可能存在哪些创新性的形式。

第九章

劳动争议处理与预防

学习目的与要求

1. 充分认识劳动争议的概念和构成要素。
2. 理解劳动争议处理的方式和原则。
3. 理解劳动争议预防的重要意义和方式。

课前预习题

1. 什么是劳动争议？
2. 劳动争议的构成要素有哪些？
3. 劳动争议处理需要遵循什么样的原则？
4. 如何预防和处理劳动争议？

引导案例

外卖骑手工伤赔偿之路[1]

近年来，以外卖骑手为代表的新业态从业者的生存境况，频频成为社会热点议

---

① 资料来源：一外卖小哥受工伤维权，竟牵涉5家公司．工人日报，2022－03－25。

题。2019年一名叫作邵某银的“饿了么”骑手在送餐途中发生了严重的交通事故，胫骨平台骨折、外踝骨折，还断了三根肋骨，经医院和律师评估可能构成9级伤残。然而，时间过去了两年半，他还没有获得一份受法律认可的工伤认定，也没有拿到工伤赔偿。

邵某银虽然早在北京打赢了劳动仲裁，却在随后一场发生在重庆——他未曾工作过，甚至没有去过的地方的官司中败诉。“饿了么”没有在上述任何一个环节现身，应诉的是一家名叫迪亚斯的公司。在新一轮劳动仲裁中，邵某银面对的又是一个他此前没怎么听说过的公司——太昌公司。对他进行法律援助的律师梳理出了更多他闻所未闻，却又与本案息息相关的公司，比如天津某建筑公司、上海某外包公司，它们曾给邵某银的工资缴税。

邵某银是中国的数百万骑手之一。平日里，他们穿着蓝色、黄色或其他颜色的服装奔走在大街小巷，撑起了外卖行业超过6 000亿元的市场规模。但当意外发生时，这些公司近乎隐形，骑手们的维权之路举步维艰。1 907份判决与0.32%的认定率，邵某银的故事并不是孤例。这些案子有一个明显的共性：骑手与很多公司关联，但很难确定到底与哪一家公司存在劳动关系，且骑手所在的平台不在其中。在司法实践中，劳动者想要维权，第一步就是要进行劳动关系的认定。邵某银们面临的，就是连这第一步都走不下去。

骑手为谁工作似乎一目了然，他们的工服、使用的软件都明确指出了答案。然而在法律层面，认定劳动关系需要参考多个因素，如用人单位依法制定的各项劳动规章制度是否适用于劳动者，劳动者是否受用人单位的劳动管理，劳动者是否从事用人单位安排的有报酬的活动等。从表面的法律安排上看，外卖巨头如今确实和任何一个具体的骑手没有关系，它们不直接参与骑手的考勤等管理，不负责骑手工资发放、社保和个税缴纳。

这样的结果是通过一系列外包实现的，以邵某银为例：首先，“饿了么”将配送业务外包给了迪亚斯公司，而后，根据迪亚斯公司在重庆法庭上的说法，这项业务随即被外包给了太昌公司，即邵某银实质上可能是在为太昌公司工作。与此同时，迪亚斯公司、太昌公司以及两家其他公司都曾为他发放工资或缴纳个税。

通过外包操作，“饿了么”成功地在法律上与邵某银无关了。可在事实层面上，仍然是“饿了么”在遥控数以百万计的骑手奔波在大街小巷，制定有关考勤、工资的规则。

为了更好地维护劳动者的权益，北京市人社局于2021年发布《关于促进新就业形态健康发展的若干措施》，要求平台企业依法承担相应责任、增强工伤和职业伤害保障，司法机关和仲裁机构根据用工事实认定企业和劳动者的关系。

上述案例表明，劳动纠纷时有发生。在新就业形态领域，纠纷中涉及的主体过多，且认定劳动关系困难，因此纠纷往往很难解决。尽管如此，劳动者在遇到劳动争议时，仍然需要采用正当合法的手段，积极地维护自己的合法权益。

第一节　劳动争议概述

一、劳动争议的定义

劳动争议，亦称劳动纠纷、劳资纠纷或劳资争议，指的是在劳动关系框架下，劳动者与用人单位之间在实现劳动权益与履行劳动责任过程中所产生的矛盾或冲突。

依据《劳动法》的相关规定，劳动者被赋予了一系列权利，包括但不限于平等就业与职业选择的自由、获取劳动报酬的权利、享受休息休假的权利、劳动安全卫生保护的权利、接受职业技能培训的机会、享受社会保险与福利待遇保障的权利、申请劳动争议处理的权利，以及其他由法律规定的劳动权益。与此同时，劳动者也承担着相应的责任，如完成工作任务，提升职业技能，遵守劳动安全卫生规程，维护劳动纪律及恪守职业道德等。

雇主与雇员在资本市场上的目标存在本质差异（雇主致力于实现利润最大化，而雇员则追求薪资的最大化），这种成本与利润之间的张力往往导致双方之间的对立。若这种对立未能得到及时且有效的处理，就有可能进一步升级为冲突，进而引发劳动争议。劳动争议的核心焦点在于劳动权利与劳动义务的争执。只有当双方在这些基本权利和义务上产生分歧时，才能被视为劳动争议。

二、劳动争议的构成要素

任何一种法律关系，都是由主体、内容、客体这三个不可或缺的要素共同构成的。这三个要素相互关联、相互作用，共同决定了法律关系的性质、范围及效力。劳动争议，作为法律关系中的一种特殊类型，特指在劳动关系领域中因权利、义务问题而产生的纠纷，同样遵循这一基本构成规则，即由主体、内容、客体三要素共同构成。

1. 劳动争议的主体

劳动争议的主体，即劳动争议的双方参与者，他们是劳动权利与义务的承载者，涵盖用人单位与劳动者两大群体。用人单位，作为我国劳动法中的一个专有名词，指的是那些依法签订劳动合同，负责招聘、管理劳动者，并依据法律规定及合同约定向劳动者提供必要的劳动条件、劳动保护以及支付劳动报酬的组织。依据《劳动合同法》第 2 条的规定，用人单位是指中华人民共和国境内的企业、个体经济组织、民办非企业单位、国家机关、事业组织、社会团体。劳动者，是指达到法定年龄（年满 16 周岁），且具有劳动能力，能够依法签订劳动合同，独立给付劳动并获得劳动报酬的自然人。如果作为劳动者的一方因病、工伤等原因死亡的，其亲属可以作为劳动争议的当事人。

2. 劳动争议的内容

劳动争议聚焦于劳动权利与劳动义务。只有当双方围绕劳动权利与劳动义务产生纠纷时，才能被认定为劳动争议。劳动争议的内容广泛涵盖了用人单位的用人自主权、工资奖金的分配权，以及用人单位为保障劳动者权益而依法建立与完善规章制度的权利等；同时，也涉及劳动者的平等就业权、选择职业的自由、获取劳动报酬的权利、休息休假的权益、享受社会保障和福利待遇的权利，以及劳动者需完成工作任务、提高职业技能、遵守劳动纪律和职业道德等义务。

3. 劳动争议的客体

劳动争议的客体，具体指的是劳动争议中双方主体（用人单位与劳动者）的权利与义务所直接关联和指向的对象，它代表了劳动争议的核心争议点以及双方希望通过争议解决所达成的目的与最终结果。这些客体不仅涵盖了具体的行为，如劳动合同的签订、变更、解除或终止等行为，还包括了与劳动过程紧密相关的各种物质利益，例如劳动者应得的工资、奖金、福利待遇，以及用人单位提供的劳动设施、工作环境等。

此外，劳动争议的客体还可能包括与劳动者人身权益相关的非物质财富，比如劳动时间的安排、休息休假、劳动安全卫生保障等，这些都是影响劳动者身心健康与生活质量的重要因素。因此，在处理劳动争议时，必须明确争议的客体，即双方权利义务所指向的具体内容，才能有针对性地采取措施，促进争议的妥善解决。例如，当劳动者与用人单位就解除劳动合同的行为产生争议时，需要审查解除劳动合同的合法性、合理性以及是否符合双方事先的约定。当争议涉及具体的工资、奖金、福利时，则需要核实相关的支付标准、支付条件以及是否已经按时足额支付。而当争议聚焦于劳动设施、工作环境等物质条件时，则需评估这些条件是否达到法定的安全卫生标准，是否足以保障劳动者的合法权益。

三、劳动争议的分类

1. 按劳动争议主体划分

（1）个别劳动争议。

个别劳动争议又称个体劳动争议，是指劳动者一方当事人数量在规定人数限额以下，与用人单位发生的纠纷。劳动者一方的人数在一至九人时，为个别劳动争议。在现阶段劳动争议处理机构受理的劳动争议案件中，绝大多数劳动争议为个别劳动争议。

（2）集体劳动争议。

集体劳动争议的概念有狭义和广义之分。狭义的集体劳动争议是指劳动者一方当事人数量在规定限额以上，且因共同理由与用人单位发生的纠纷。根据《劳动争议调解仲裁法》第 7 条的规定，发生劳动争议的劳动者一方的人数在 10 人以上，并有共同请求的，可以推举代表参加调解、仲裁或者诉讼活动。因此，狭义的集体劳动争议所涉及的劳动者一方的人数至少为 10 人，且这些劳动者有共同诉求，通过推举代表参加调解、仲裁或诉讼活动。

广义的集体劳动争议除了包括狭义的集体劳动争议，还包括集体合同争议（又称团体争议）与集体行动争议。集体合同争议是指基于集体合同发生的争议，通常发生在工会与用人单位之间。集体合同争议可分为两种情况：一是因签订集体合同发生的争议，即在集体合同协商过程中发生的争议；二是因履行集体合同发生的争议。集体行动争议是指由劳动者的集体行动引发的集体劳动争议。

2. 按争议性质划分

若依据劳动争议的本质属性进行分类，可以将其划分为权利争议与利益争议两大类别。尽管这种分类属于理论层面的探讨，并未在相关法律条文中直接体现，但其影响已显著渗透于立法实践之中。具体而言，权利争议具备可诉性，而利益争议则不可诉，对两者需采取截然不同的处理机制。

（1）权利争议。

权利争议聚焦于既定且现实存在的权利，这些权利或者源于劳动合同、集体合同等契约性文件的约定，或者基于法律法规的明确规定，故又被称为既定权利争议。权利争议可能表现为个别劳动争议，也可能表现为集体劳动争议。

我国立法中提到的“因履行集体合同发生的争议”，是对权利争议中集体权利争议的一种法律表述。《劳动合同法》第 56 条规定：用人单位违反集体合同，侵犯职工劳动权益的，工会可以依法要求用人单位承担责任；因履行集体合同发生争议，经协商解决不成的，工会可以依法申请仲裁、提起诉讼。

在我国，权利争议属于劳动争议仲裁的受理范畴，可通过仲裁程序加以解决。而在其他国家，权利争议通常被视为法律问题，需由法院作出法律判断，因此更适合由法院受理并进行判定。例如，在日本，除非涉及不当劳动行为，否则无论是个别劳动争议还是集体劳动争议，均可由法院处理。德国的劳动法院同样仅管辖权利争议。

（2）利益争议。

利益争议则是指在集体协商过程中，双方就订立、续订或变更集体合同条款所产生的争议，即对集体合同约定的权利及其变更提出新的权利要求而引发的争议。利益争议并非现实存在的权利争议，而是关于如何确定双方未来权利义务关系的争议，因此又被称为待定权利争议。

根据我国《劳动法》第 84 条第 1 款的规定，因签订集体合同发生争议，当事人协商解决不成的，当地人民政府劳动行政部门可以组织有关各方协调处理。当利益争议双方无法通过协商达成一致时，只能向当地劳动行政部门请求解决，而不能通过仲裁或诉讼的方式解决。劳动行政部门主要通过宣传国家法律、政策，对分歧进行协商调解，以促使双方达成共识并协商解决争议，但其调解并不具备强制性。

在其他国家，类似的处理方式也较为普遍。利益争议作为待定争议，必须经双方协商解决。若协商无果且无法诉诸司法裁断，则可通过仲裁裁决加以解决。例如，在日本，对利益争议通常先通过团体协商的方式进行处理，若协商不成，则依据劳动委员会的争议处理程序进行处理，主要包括斡旋、调停和仲裁等方式。

四、劳动争议的范围

并非劳动关系领域内发生的所有争端都能被归类为劳动争议。当前，在我国界定劳动争议范围的主要法律依据是《劳动争议调解仲裁法》第 2 条，该条具体涵盖了以下几方面的内容。

（1）因确认劳动关系发生的争议。

因确认劳动关系发生的争议是指用人单位和劳动者之间针对双方是否存在劳动关系而发生的争议。劳动者在与雇主建立工作关系时，应积极推动双方尽快签订正式的书面劳动合同。如果双方未能签署书面合同，以下凭证在确认劳动关系时可以作为参考依据：1）工资支付凭证或记录（职工工资发放花名册）、缴纳各项社会保险的记录；2）用人单位向劳动者发放的“工作证”、“服务证”等能够证明身份的证件；3）劳动者填写的用人单位招工招聘“登记表”、“报名表”等招用记录；4）考勤记录；5）其他劳动者的证言等。

（2）因订立、履行、变更、解除和终止劳动合同发生的争议。

劳动合同是劳动者与用人单位之间确立劳动关系，并详细规定双方权利与义务的协议。在劳动合同的订立、执行、修改、解除及终止这一系列过程中所形成的劳动关系均在其中。在这一系列过程中的任何环节产生的争议，都将被纳入劳动争议仲裁的受理范畴。按照法律规定，劳动合同的订立是用人单位与劳动者在平等自愿的基础上，就双方的权利与义务进行协商，并最终签订书面合同来确认的法律行为。劳动合同的履行则是指合同双方按照合同约定，履行各自义务，实现合同目的的法律行为。劳动合同的变更是指合同双方对已签订的劳动合同中的部分条款进行修订、补充或废止的法律行为。劳动合同的解除指的是在合同订立后、履行完毕前，因某种原因合同一方或双方提前终止劳动关系的法律行为。而劳动合同的终止则是指合同依法生效后，出现法律规定的情形，导致合同效力消失，双方权利义务终止的法律行为。

（3）因除名、辞退、辞职、离职发生的争议。

开除是指员工无合理理由频繁缺勤，在受到批评与教育后依然不改，其连续缺勤天数超过 15 日或一年内累计缺勤天数超过 30 日，企业依据法律终止与该员工的劳动合同。解雇则是指雇主按照法律规定的条件和程序，终止与雇员的工作合约。而辞职是指劳动者出于个人原因，主动断开与当前工作单位的劳动合同连接。离职则泛指员工从当前岗位离职的行为。

开除、解雇、辞职、离职等情况可能导致劳动者与用人单位之间产生多种争议，这些争议包括但不限于薪资分歧、加班费问题、社会保险缴纳争议等。争议的类型多种多样，可能涵盖合同条款、事实情况、证据材料等多个层面的内容。这类劳动争议均是由劳动关系解除或终止所引发的。在处理这类劳动争议时，劳动者和用人单位应首先尝试通过友好协商和调解来解决问题。若协商和调解未能取得成效，则可以向劳动争议仲裁机构申请仲裁。仲裁结果具有法律效力，双方必须遵守。如对仲裁结果不满，当事人还可向人民法院提起诉讼。

（4）因工作时间、休息休假、社会保险、福利待遇、培训以及劳动保护发生的争议。

关于工作时长与休假权益的争议，核心在于用人单位所设定的工作时间是否符合法律法规的要求，以及劳动者能否享有国家法定的节假日及带薪休假的权利。依据我国现行劳动法规，劳动者每日工作时间不得超过 8 小时，每周平均工作时间应不超过 40 小时。

关于社会保险方面的争议，则主要聚焦于用人单位是否依法为劳动者缴纳包括养老保险、工伤保险、医疗保险、失业保险及生育保险在内的社会保险费用。

而关于福利待遇与培训的争议，则侧重于劳动合同中约定的福利待遇及培训事项是否得到切实执行，这直接关系到劳动者的权益保障与用人单位的履约责任。

劳动保护方面的争议则主要是指用人单位是否遵循法律规定，为劳动者提供一个符合劳动安全卫生标准的工作环境。

在处理上述各类争议时，双方需依据法律法规，开展公正、公平的沟通与协商，力求达成一个公正、合理的解决方案。同时，政府及相关部门也应加大监管力度，确保劳动者的合法权益得到充分维护。

（5）因劳动报酬、工伤医疗费、经济补偿金或赔偿金等发生的争议。

劳动报酬是指劳动者根据其提供的劳动的数量和质量所应得的薪资收入。我国《劳动法》清晰界定了薪资支付的原则与方式：薪资分配需遵循按劳分配原则，实行同工同酬；劳动者的工资应以货币形式按月支付给劳动者本人，不得无故克扣或拖欠。

工伤医疗费是指员工因工作原因受伤或罹患职业病所产生的医疗费用。若用人单位已依法参加工伤保险，则工伤保险费用由工伤保险基金和用人单位依据规定分担；若用人单位未依法参保，则工伤费用由用人单位全额承担。

经济补偿金是雇主根据国家法律或劳动合同约定，在劳动合同终止或解除时，以货币形式直接支付给劳动者的补偿款。其适用范围、条件及标准等均由法律严格规定。而赔偿金则是指劳动关系一方因违法行为而依法需向另一方支付的赔偿款项，往往带有惩罚性质。

（6）法律、法规规定的其他劳动争议。

劳动争议的范围广泛，除了上述提到的类型，还包括法律、法规所规定的其他多种情形。这些情形包括但不限于因损害赔偿事宜而产生的争议，比如：劳动者在工作过程中遭受损害，与用人单位在赔偿金额、责任归属等方面产生的分歧；因违约金问题产生的矛盾，即劳动合同中约定的违约金条款在实际执行过程中可能引发的争议；女工特殊权益保护的问题，如孕期、产期、哺乳期女工的特殊待遇和保护措施等；由病、伤导致的医疗和生活费用等问题，例如劳动者因工作原因受伤或患病后，与用人单位在医疗费用、康复费用、生活补助等方面的争议。这些劳动争议都直接关系到劳动者的合法权益和用人单位的责任，需要依法妥善处理。

第二节　劳动争议处理

一、劳动争议的法律属性

1. 劳动争议的主体具有特定性，且往往源于劳动关系

劳动争议的一方固定为用人单位，而与之相对的另一方则是与其建立了劳动法律关系或存在事实劳动关系的劳动者。这些劳动者或者已与用人单位签订了劳动合同，形成了明确的劳动法律关系；或者虽未签订书面的劳动合同，但双方之间已存在实际的用工行为（已形成事实劳动关系）。在劳动争议中，与用人单位相对的往往是个体劳动者，但也有可能是由多个劳动者组成的集体，例如工会。然而，若争议双方并非劳动者与用人单位，而是用人单位与用人单位（例如劳务派遣单位与用工单位）、劳动者与劳动者、用人单位与劳动行政部门、劳动者与劳动行政部门等，则因他们之间不存在劳动关系，故其争议不能被归类为劳动争议。

2. 劳动争议的内容具有特定性

劳动争议的内容特指在社会生产过程中，劳动关系双方因劳动权利的行使与劳动义务的履行而产生的争议。并非用人单位与劳动者之间的所有争议都属于劳动争议，只有当争议聚焦于双方之间的劳动权利和义务时，才能被认定为劳动争议。这里的劳动权利和义务，既包含法律规定的内容，也涵盖集体合同和劳动合同约定的内容，如工作内容、工时与休假、工资、劳动保护、员工福利、职业培训、民主管理、社会保险等多个方面。在劳动权利和义务范畴之外的其他权利义务争议，则不属于劳动争议的范畴。

3. 解决方式遵循民事法律程序

劳动争议的解决方式包括调解、仲裁和诉讼等，这些解决方式均遵循民事法律程序。在处理劳动争议时，应首先进行调解，调解不成的，可以向劳动争议仲裁机构申请仲裁；对仲裁裁决不服的，除劳动法另有规定的外，可以向人民法院提起诉讼。这一解决流程体现了民事法律程序的特点，旨在维护劳动争议双方的合法权益。此外，劳动争议受《劳动法》《劳动合同法》《劳动争议调解仲裁法》等劳动法律法规的调整，这些法律法规均属于民事法律范畴、用于规范劳动关系双方的行为、明确双方的权利和义务以及处理劳动争议的程序和规则。

二、劳动争议处理的目的和原则

1. 劳动争议处理的目的

劳动争议处理制度的根本目的在于确保劳动争议得到公平且高效的解决，以维护劳动关系的和谐与稳定，并切实保障劳动者的合法权益。首先，实现劳动争议的公正、迅速处理是该制度的核心追求。由此不仅确保了用人单位和劳动者双方的合法权益得到有效维护，还平衡了劳动合同双方当事人的利益，为构建和谐稳定的劳动关系奠定了坚实基础。其次，追求劳动关系的长期和谐、稳定是劳动争议处理制度的深远目标。集体劳动争议若未能得到及时、有效的预防和解决，可能会引发停工、罢工等事件，从而对经济发展和社会稳定造成威胁。因此，预防劳动争议的发生以及事后公正地处理劳动争议，对于维护社会的和谐稳定至关重要。最后，切实保障劳动者的合法权益是劳动争议处理制度不可或缺的一环。只有将劳动争议解决纳入法制化轨道，才能确保双方权益得到合理处置，进而推动形成健康、和谐的劳动关系。这既是维护劳动者权益的坚强后盾，也是促进社会公平正义的重要体现。

2. 劳动争议处理的原则

劳动关系主要建立在双方自愿与自治的基础之上，国家权力一般不对其进行直接干预。然而，若劳动关系双方的纠纷无法得到及时、有效的预防和解决，可能会对国家经济发展造成不利影响。因此，预防和公正地处理劳动争议显得尤为重要。为此，需要设立专门的纠纷解决机构，并采取适当的方法来化解争议。

劳动争议的处理应遵循以下原则：

（1）重视调解、迅速处理原则。

调解在劳动争议处理中扮演着核心角色，它贯穿于整个劳动争议解决过程。企业劳动争议调解委员会的主要职责是通过调解来平息劳动争议。在处理劳动争议时，劳动争议仲裁机构和人民法院通常会优先考虑通过调解来达成双方都能接受的解决方案，在作出裁决或判决之前，还会为当事人提供一次调解的机会，力求和平解决争议。值得注意的是，调解必须基于当事人的自愿，严禁任何形式的强迫。同时，调解工作必须严格依法进行，既要遵守实体法，也要遵守程序法。调解并非无原则地让步。此外，劳动争议的处理强调时效性。如果企业劳动争议调解委员会在调解过程中未能使当事人双方达成协议，必须在规定期限内及时结案，以确保当事人不会失去申请仲裁的权利。同样，如果劳动争议仲裁机构在先行调解后仍无法达成一致，也应及时作出裁决。人民法院在调解失败后，也应尽快作出判决。

（2）基于事实、依法处理原则。

劳动争议处理机构在处理争议时，需通过深入调查，全面了解争议的起因、发展和现状。在此过程中，其需遵循劳动法律、法规及规章规定的程序要求，明确权利与义务。在适用法律时，其应遵循法律效力层级原则，即首先依据法律规定，若无则参照行政法规，最后考虑地方性法规和规章。调解协议、裁决和判决均不得违反国家现行法律、法规和政策，同时不得损害国家利益、社会公共利益或他人合法权益。在处理劳动争议时，既要遵守实体法，也要遵守程序法，并确保依法的顺序得到遵守，如“高位法优于低位法，新法优于旧法”。在处理争议时，既要坚持原则性，又要体现灵活性，实现两者的有机结合。

（3）法律面前当事人平等原则。

在处理劳动争议的过程中，平等原则具有双重体现：一方面，争议双方在整个争议处理过程中应享有同等的法律地位。这意味着他们平等地享有各项权利并承担相应的义务，任何一方都不能将自己的意志强加给对方。另一方面，劳动争议处理机构在执行法律时应秉持公正，确保并促使双方当事人顺利行使自己的权利。在处理过程中，机构应对双方一视同仁，既不偏袒也不歧视任何一方。尽管在劳动关系中，双方可能存在一定的隶属关系，主要体现在劳动权利的享有和劳动义务的履行上，但在法律层面上，他们的地位始终是平等的，这种平等贯穿于劳动关系的建立、变更、解除以及终止的各个环节。

三、劳动争议的处理方式

通常情况下，劳动争议发生后，会采用多元化的解决方式，涵盖协商、调解、仲裁及诉讼等手段。其中，协商与调解被视为解决争议的柔性方法，仲裁则具有准司法的特性，而诉讼则是解决争议的最终手段。《劳动争议调解仲裁法》第 5 条规定：发生劳动争议，当事人不愿协商、协商不成或者达成和解协议后不履行的，可以向调解组织申请调解；不愿调解、调解不成或者达成调解协议后不履行的，可以向劳动争议仲裁委员会申请仲裁；对仲裁裁决不服的，除本法另有规定的外，可以向人民法院提起诉讼。

1. 协商

劳动争议的协商，是指劳动者与用人单位为了化解劳动争议，通过平等、自愿且相互谅解、让步的沟通方式，在明确事实、分清是非的基础上，消除矛盾并达成共识的过程。这种由双方当事人自主解决争议的方式，是当事人解决争议的首要选择，并贯穿于整个争议处理的过程中。《劳动争议调解仲裁法》第 41 条规定：当事人申请劳动争议仲裁后，可以自行和解。达成和解协议的，可以撤回仲裁申请。它表明协商是争议解决过程中能随时采用的最便捷的方式。相对于调解、仲裁与诉讼，它具有双向性、便捷性、经济性以及协商结果灵活性的特征。

2. 调解

劳动争议的调解是一种在第三方引导下进行的协商过程，该过程遵循法律和道德规范，旨在通过民主协商、增进双方理解和相互妥协的方式，促使双方当事人达成协议，从而消除争议。这里的第三方可以是调解组织、劳动争议仲裁委员会、法院等机构。在企业层面，基层劳动争议调解组织，例如企业劳动争议调解委员会、基层人民调解组织，以及乡镇、街道设立的负责劳动争议调解的机构，都发挥着关键作用。这些基层调解组织凭借其灵活性和专业性，在劳动争议解决中扮演着不可或缺的角色。

《劳动争议调解仲裁法》第 42 条规定，仲裁庭在作出裁决前，应当先行调解。调解达成协议的，仲裁庭应当制作调解书。调解书应当写明仲裁请求和当事人协议的结果。调解书由仲裁员签名，加盖劳动争议仲裁委员会印章，送达双方当事人。调解书经双方当事人签收后，发生法律效力。调解不成或者调解书送达前，一方当事人反悔的，仲裁庭应当及时作出裁决。这表明调解在劳动争议仲裁中是法定程序。

协商与调解作为化解劳动争议的手段，具备以下显著优点：首先，通过它们能够迅速有效地解决纠纷。双方当事人对纠纷根源及争议核心有最直接的了解，因此他们能够精确地找到问题的解决方案。其次，这种方法具有很高的成本效益比。双方可以根据实际情况灵活选择协商的时间、地点和形式，既不会干扰日常工作的进行，也无须承担高昂的费用。再次，采用它们有助于减少后续问题。与其他类型的纠纷不同，劳动争议的双方在未来可能仍需保持合作关系。通过协商、调解方式解决纠纷，可以避免双方关系破裂，反而能增进彼此的理解和协作。最后，其影响范围有限。采用协商、调解手段解决纠纷，可以防止争议进一步升级，保护双方的公众形象和信誉。在运用协商、调解方式处理纠纷时，应当注意选择恰当的时机、地点和方式，为协商、调解的顺利进行营造一个良好的氛围。

3. 仲裁

劳动争议仲裁是一种争议解决机制，它基于争议当事人的申请，由专门的劳动争议仲裁机构介入，对双方因劳动权利与义务等问题所产生的分歧进行评判、调解及最终裁决。此方法被视为一种具有准司法特征的劳动争议处理方式。劳动争议仲裁裁决一旦生效，即具备法律上的强制执行效力。

在我国劳动争议仲裁采取了“仲裁前置，裁审衔接”的体制。此外，《劳动争议调解仲裁法》第 72 条规定，对两类劳动争议仲裁案件进行终局裁决，裁决书自作出之日起发生法律效力。这是附条件的“一裁终局”制度。这两类争议案件分别是：（1）涉及追讨劳动报酬、工伤医疗费用、经济补偿金或赔偿金，且金额不超过当地月最低工资标准 12 个月金额的争议；（2）围绕执行国家的劳动标准在工作时间、休息休假、社会保险等方面产生的争议。此规定旨在将当前大量常见且劳动者与社会反响强烈的争议案件保留在仲裁程序中解决，避免进入诉讼程序，从而提升了劳动争议处理效率，缩短了处理周期，并增强了仲裁裁决的法律效力及仲裁机构的公信力。同时，该法第 48 条规定，劳动者如果对这些终局裁决不服，可以自收到仲裁裁决书之日起 15 日内向人民法院提起诉讼。这一规定实为对劳动者的司法保障，凸显了劳动法律关系相较于普通民事法律关系，更加注重保护劳动者的合法权益。

在处理劳动争议时，必须清晰区分利益争议与其他类型的劳动争议。对于利益争议仅能通过劳动行政部门的调解来解决，不可直接申请仲裁。相比之下，对于其他类型的劳动争议则必须首先通过劳动争议仲裁程序进行解决。只要一方当事人提出仲裁申请，且符合受理条件，劳动争议仲裁机构就应受理并处理。此外，若当事人希望将争议诉诸法院，也必须先经过仲裁程序。对于未经仲裁的争议，人民法院将不予受理。例如，对于因签订集体合同而产生的争议，因其为利益争议的一种，同样不能直接申请仲裁。在处理劳动争议时，必须严格遵守这些规定，以确保争议得到妥善处理。

4. 诉讼

（1）劳动争议民事诉讼。

《劳动法》第 83 条规定。劳动争议当事人对仲裁裁决不服的，可以自收到仲裁裁决书之日起 15 日内向人民法院提起诉讼；一方当事人在法定期限内不起诉又不履行仲裁裁决的，另一方当事人可以申请人民法院强制执行。因此，当事人向人民法院提起劳动争议诉讼必须满足两个条件：一是劳动争议已经经过仲裁，二是满足自收到裁决书之日起 15 日内向人民法院提起诉讼的时间要求。

我国的劳动争议诉讼属于民事诉讼，目前是由法院民事审判庭依据《民事诉讼法》和《劳动争议调解仲裁法》的规定，对劳动争议案件进行审理，实行二审终审制，即如果劳动争议的当事人不服一审人民法院的裁判，可向上一级人民法院上诉，后者的裁判是二审裁判，是生效的终审裁判，当事人必须执行。

（2）劳动争议刑事追诉。

刑事处罚是对违法行为最严厉的处罚，并非每件劳动争议都会引发刑事追诉，因此严格说来，刑事追诉程序并不属于处理劳动争议的方式之一。

2011 年 2 月 25 日，第十一届全国人大常委会第十九次会议审议通过了《刑法修正案（八）》，其中规定：以转移财产、逃匿等方法逃避支付劳动者的劳动报酬或者有能力支付而不支付劳动者的劳动报酬，数额较大，经政府有关部门责令支付仍未支付的，处 3 年以下有期徒刑或者拘役，并处或者单处罚金；造成严重后果的，处 3 年以上 7 年以下有期徒刑，并处罚金。单位犯前款罪的，对单位判处罚金，并对其直接负责的主管人员和其他直接责任人员，依照前款的规定处罚。有前两款行为，尚未造成严重后果，在提起公诉前支付劳动者劳动报酬，并依法承担相应赔偿责任的，可以减轻或免除处罚。

上述法律规定被我国刑法新设罪名拒不支付劳动报酬罪所涵盖，旨在通过最严厉的制裁措施来警示雇主必须及时且足额地支付劳动者的劳动报酬。这一举措对于提升对劳动者的保护力度起到了积极的推动作用。

四、工会推动的劳动争议协商协调机制

1. 工会推动的劳动争议协商协调机制的分类

工会推动的劳动争议协商协调机制是一种由工会和雇主通过协商会谈来解决劳动关系中的矛盾和问题的制度。这种机制在现代企业管理中起到了至关重要的作用：它不仅能增进劳资双方的对话与合作，还能有效保障劳动者的权益与福利。工会推动的劳动争议协商调解机制具体分为以下三类：

（1）个别劳动争议的协商处理。

当个别劳动者与雇主产生争议时，双方可能会选择通过协商来解决争议。这种情况可能发生在劳动关系的存续或终止阶段。在劳动关系存续期间，劳动者仍受雇主管理，这种从属关系限制了个别协商在解决劳动争议时的效能。此时的“个别协商”与人力资源管理中的“双向沟通”在本质上颇为相似。另一种情境是，在劳动争议产生

且劳动关系已终止后，劳动者摆脱了雇主的管理束缚，重新获得了与雇主平等的协商地位。

（2）群体性劳动争议的协商处理。

群体性劳动争议通常涉及多名员工与用人单位间的多种问题，如薪资福利、工作环境、加班政策、劳动关系解除等。当这些问题无法得到妥善解决时，员工可能会选择通过集体行动来表达诉求和不满。在群体性劳动争议中，员工通常会推选代表，这些代表将代表全体争议员工与用人单位进行协商。用人单位也应有意愿通过协商来化解问题，以避免冲突升级和产生不良社会影响。尽管我国劳动立法中并未对群体性劳动争议协商作出专门规定，但协商过程仍需遵循《劳动法》、《劳动合同法》、《劳动争议调解仲裁法》等相关法律法规。双方在协商时应参照这些法律法规，确保协商结果的合法和公正。

（3）集体合同劳动争议的协商处理。

我国针对不同时间节点的集体合同劳动争议采取了不同的处理策略。在签订集体合同过程中产生争议时，应依据《劳动法》和《集体合同规定》进行处理：双方首先应尝试通过协商来解决问题；若协商无果，则应由当地人民政府劳动行政部门介入，组织各方进行协调处理。而在履行集体合同过程中发生争议时，应遵循《劳动法》的相关规定来处理。同样，双方应首先尝试通过协商来寻求解决方案；若协商仍无法达成一致，可以向劳动争议仲裁机构申请仲裁；对仲裁结果不满的，可以在收到仲裁裁决书后的规定时间内向人民法院提起诉讼。这些规定均强调了当事人在因集体合同签订和履行产生劳动争议时必须首先进行协商。

2. 工会推动的劳动争议协商协调机制下工会的做法

（1）确保劳动合同得到切实执行。

劳动合同作为劳动关系构建的基石，明确界定了劳动者与企业间的权利与义务，为特定劳动过程的实施提供了法律支撑。为了有效调和劳动关系，工会需从源头着手，着重推动企业严格遵守劳动合同制度，并充分发挥其群众监督职能，全面介入劳动合同的履行过程。在执行阶段，工会不仅要教育职工严格遵守劳动合同条款，更要督促企业依据劳动合同的约定，全面落实职工的劳动待遇，从而保障劳动关系的和谐与稳定。

《劳动合同法》第 43 条规定：用人单位单方解除劳动合同，应当事先将理由通知工会。用人单位违反法律、行政法规规定或者劳动合同约定的，工会有权要求用人单位纠正。用人单位应当研究工会的意见，并将处理结果书面通知工会。这一规定彰显了工会在依法维护职工权益方面的责任。工会须及时反映企业的不合理行为，并代表职工与企业就维护职工权益问题进行交涉，促使企业纠正错误，避免矛盾升级，从而维护改革发展稳定的大局。《劳动合同法》第 78 条规定：工会依法维护劳动者的合法权益，对用人单位履行劳动合同、集体合同的情况进行监督。用人单位违反劳动法律、法规和劳动合同、集体合同的，工会有权提出意见或者要求纠正；劳动者申请仲裁、提起诉讼的，工会依法给予支持和帮助。因此，工会应设立劳动监督检查委员会，对企业的违法、违规行为进行及时制止，以从根本上遏制其违法行为。

（2）参与劳动标准的制定。

劳动标准与职工的权益息息相关，因此工会的参与对于确保劳动标准的公正、合理和可行至关重要。通过参与制定劳动标准，工会可以代表职工发声，反映其诉求和意见，进而推动劳动标准的不断完善和优化。劳动标准涵盖工资标准、工时制度、安全生产、福利待遇、职业培训等多个方面。在工资标准的制定中，工会代表职工与雇主进行谈判，争取合理的工资水平和福利待遇。通过参与工时制度的制定，工会可以代表职工争取合理的工作时间和休息时间。安全生产作为劳动标准的重要内容，涉及职工的生命安全和身体健康。工会通过参与制定安全生产标准，监督企业的安全生产状况，推动企业加强安全管理和培训，确保职工的生命安全和身体健康得到有效保障。此外，工会还参与职业培训标准的制定，推动企业加强对职工的培训和教育，提高其技能水平和综合素质，进而促进职工的职业发展和社会地位的提升。在福利待遇方面，工会通过参与制定相关标准，包括社会保险、医疗保健、住房等方面的待遇，提高职工的生活质量和幸福感。

（3）组织职工集体协商。

集体协商谈判是指工会代表劳动者与雇主代表进行协商，通过谈判方式确定劳动合同、工资福利待遇、工作时间和条件等。建立集体协商谈判制度的重要前提是构建由雇主、劳动者和政府共同参与的劳动关系三方协调机制。在该机制中，工会代表劳动者，工商业联合会和企业家联合会代表雇主，劳动行政部门代表政府。三方本着互利共赢的原则，针对特定时期特定企业的劳动关系面临的突出问题进行讨论和协调。在谈判前，工会应与雇主进行充分沟通，明确谈判的时间、地点和议题等。在谈判过程中，工会应坚持平等、公正、合理的原则，与雇主展开深入讨论和交流。工会应积极提出合理诉求，并作出适当妥协和让步，以达成最优协议。签订协议后，工会应监督协议的执行情况，确保协议得到有效履行。若发现雇主不履行协议，工会应及时采取措施维护职工权益。谈判结束后，工会应总结经验教训，对谈判过程和结果进行评估、反馈，并根据反馈情况改进谈判策略和技巧，为下一次谈判做好准备。

（4）参加劳动争议的调解和仲裁。

当劳动争议产生时，工会应当主动介入调解与仲裁程序，为职工发声。工会代表需具备出色的法律知识与协调能力，深入理解并熟练掌握劳动法律条文，致力于维护职工的合法权益。在调解与仲裁进程中，工会应给予职工全面的支持，这包括但不限于法律咨询、心理援助以及证据搜集等服务。这些支持措施能够帮助职工保持冷静与理智，以更加成熟的方式处理争议，从而提高调解与仲裁成功的可能性。与此同时，工会还需及时向职工通报处理进展，确保职工的知情权与参与权得到充分尊重。一旦调解或仲裁结果出炉，工会应负责监督其执行，确保职工的权益得到有效落实。若对方不履行调解或仲裁裁决，工会应协助职工采取法律手段来捍卫其权益。另外，为了降低劳动争议的发生率，工会还需加强预防与教育，提升职工的法律意识与维权技能。工会可以通过组织法律宣传活动、培训课程等方式，使职工更加熟悉劳动法律条文，增强自我保护能力。

3. 工会推动的劳动争议协商协调机制的特点

工会所推动的劳动争议协商协调机制，其核心特点包括双方自愿参与，高效解决争议，秉持耐心引导、民主协商原则，以及彰显公平和公正原则。

（1）双方自愿参与。

自愿是协商协调机制的基本原则，它要求双方当事人都基于自身的意愿和自主选择，积极参与和解过程，并致力于通过协商化解争议。工会在这一过程中仅扮演推动者和监督者的角色，而非主导和解的走向。任何和解协议都需充分反映双方的真实意愿，并由他们自觉履行。若有一方不愿参与和解，或和解未能达成一致，另一方不得强迫其接受任何条件。即使达成和解协议，任何一方也无权被强制执行。当事人有权自主决定是否寻求调解或仲裁，且此过程中，任何组织或个人均无权干涉。若和解过程中缺乏完全的自愿性，和解将难以进行，也难以达成有效的协议，更无法保证协议的自觉执行。

（2）高效解决劳动争议。

和解并非劳动争议解决的必经程序，其过程和结果均需基于双方的自愿和同意。一旦发生劳动争议，双方可在自愿基础上，通过相互理解和妥协，达成双方均可接受的和解协议，并各自遵守。和解作为处理劳动争议的一种方式，有助于构建和谐的劳动关系，并促进问题的迅速解决。在工会的协助和引导下，雇主和员工往往愿意作出让步，以达成双方满意的解决方案。由于和解通常能迅速达成共识，因此可以避免进入仲裁和诉讼程序，为双方节省大量时间、金钱和精力。

（3）坚持耐心引导、民主协商原则。

工会并非国家的审判机关或行政机关、仲裁机构，因此不具备审判权、行政执法权或仲裁权。在处理劳动争议时，工会需全面听取双方的陈述，深入了解争议的起源和经过。工会应采用民主讨论的方式，耐心地进行引导，并通过说服教育促使双方达成共识。只有当双方意见一致时，工会才能动员他们通过和解来解决问题。这一过程中，工会应坚持耐心引导和民主协商的原则，坚决反对使用强迫命令或权势压制当事人。

（4）彰显公平和公正原则。

在劳动关系中，劳动者与雇主之间存在管理与被管理的关系，这使劳动者在劳动过程中处于相对弱势地位，与雇主之间存在不平等。然而，这种不平等关系不应被带入劳动争议调解程序。在劳动争议发生并进入调解程序后，劳动者与雇主应被视为平等的参与方。工会的参与确保了双方能平等地享有法律赋予的权利并履行法律规定的义务，任何一方都不得凌驾于另一方之上。这也是达成符合双方利益的调解方案的重要前提。

第三节　劳动争议的预防

一、劳动争议预防概述

1. 劳动争议预防的概念

劳动争议预防，通常指的是劳动行政部门、企业管理部门、工会以及劳动争议仲裁机构等相关单位，依据相关法律法规，在劳动争议尚未发生之时，就主动采取一系列有效的策略和措施，旨在积极预防并避免劳动争议的出现。与劳动争议的处理相比，劳动争议预防是一项前置性的工作，其核心目的在于通过事先的防范手段来阻止劳动争议的发生及矛盾的恶化，故其是一种积极主动应对劳动争议的方法。

2. 劳动争议的起因

当前，雇主与员工在劳动关系方面的法律意识、经营理念及职业道德水准仍有待提高。雇主方面存在的问题主要包括：对劳动法律法规的认知与尊重不足，未能将其有效融入实际经营中；经营观念偏颇，过分追求短期经济利益；民主管理和人本管理意识缺失。一些企业的负责人和管理层未能秉持以人为本的管理理念，未将改善员工工作条件和保障员工安全视为自身的社会责任。这些管理者往往漠视国家劳动法律法规，过分追求企业利润最大化，通过降低劳动力成本、延长劳动时间等手段，侵犯员工的合法权益。

（1）管理层面的原因。

众多用人单位在用工管理上存在不规范现象，这是劳动争议频发的重要原因之一。随着劳动关系逐步迈向市场化和国际化，企业的人力资源管理面临着前所未有的挑战。一方面，它们缺乏成熟的人力资源管理技术和优化的工作流程；另一方面，人事管理人员的短缺和频繁变动导致工作效率难以提升。这些因素共同为劳动争议的产生提供了土壤。

（2）组织层面的原因。

当前，众多企业尚未构建起有效的劳动关系自我协调机制，这主要体现在：劳动合同和集体合同的实际效能未能充分发挥；工会在劳动关系方面的调解作用未能充分彰显；企业内部调解委员会的功能逐渐弱化。这些因素相互关联、互为因果，导致许多劳动关系矛盾在尚未建立健全现代企业制度、缺乏有效自我协调机制的企业内部无法得到妥善解决，最终只能诉诸劳动仲裁，形成劳动争议案件。

3. 劳动争议预防的意义

劳动争议不仅关乎员工的切身利益与企业的经济利益，而且一旦爆发，将对双方造成不利影响，削弱员工的工作热情，制约企业生产效率的提升和企业的成长。同时，劳动争议的解决过程，如仲裁、诉讼等，将耗费大量的社会公共服务资源。尽管劳动争议最终得到解决，但由此引发的损失已无法挽回。因此，预先采取有效的措施来预防和减少劳动争议的发生具有极其重要的意义，具体体现在以下几个方面。

（1）有助于保障员工的合法权益，提升员工福利。

从我国当前的劳动争议案件来看，多数争议源于员工合法权益受损害，这些损害既涉及经济层面，也关乎身体健康。劳动争议发生后，员工往往不得不通过仲裁或司法途径解决，而这不仅会消耗他们大量的时间和精力，还可能进一步加重他们的经济负担，使其处境更加困难。因此，通过预防措施来避免和控制劳动争议的发生，至少降低其发生频率，能让员工将更多精力投入到更有价值的事务中，从而提升他们的生活质量。

（2）有助于提升企业经济效益，推动企业发展。

劳动争议的发生通常会对员工的工作积极性和企业的正常运营产生负面影响，可能导致生产效率下降，甚至影响企业的成长和发展，因为一旦产生劳动争议，双方维护权益和处理争议的过程，不可避免地会对员工的工作热情和企业运营造成干扰。有时，这种影响可能非常严重，以至于企业的生产经营活动可能会被迫停止。因此，采取有效的预防措施，避免和减少劳动争议的发生，对于保持员工的工作热情，确保企业生产经营活动顺利进行，以及促进企业的长期发展，具有重要意义。

（3）有助于降低劳动争议解决成本。

在我国目前处理劳动争议的机构主要包括企业劳动争议调解委员会、劳动争议仲裁委员会和法院。劳动争议发生后，需要劳动争议处理机构按照法律程序进行解决，通常要经历调解、仲裁或诉讼等一系列程序，耗费大量的人力和时间。与此相比，在处理劳动纠纷时更多地依赖企业内部协商，政府主要承担执法监督的角色，较少直接介入的处理方式，不仅有助于节约社会公共服务资源，还能促进劳资双方的有效沟通与合作。因此，通过实施适当的预防措施，能够在企业层面解决大部分潜在的劳动纠纷，从而降低争议解决的成本。

（4）有助于维护劳动关系的和谐与稳定。

劳动争议的根源在于劳动关系双方的分歧和冲突，与劳动关系的和谐、稳定密切相关。劳动争议的存在不仅反映出劳动关系的不和谐，而且可能进一步破坏劳动关系的稳定性。因此，实施有效的劳动争议预防措施至关重要。采取这些措施有助于缓解双方的矛盾和摩擦，消除对立，防止劳动争议的发生，从而促使企业内部形成相互尊重、平等协商、共同发展的良好氛围和格局。

二、劳动争议预防措施

劳动争议的有效遏制需政府、相关机构及企业等多方携手并进。各方需主动采取措施，运用多元策略，以预防企业和员工间的矛盾与冲突。基于不同主体的角色定位，可将预防劳动争议的举措概括为以下几项。

1. 深化并健全我国劳动法制建设

尽管近年来我国已出台并实施了一系列劳动法律法规，但在实际应用中，这些法律法规的实用性和可操作性仍有待提升。此外，部分领域虽存在问题，却因缺乏相应的法律调整而未能被纳入劳动法制框架。因此，政府及相关部门需持续推进劳动法制建设，对现有法律法规进行修订和完善，填补法律空白。同时，对于已过时或易引发劳动争议的法律法规，应及时修订或废止，以确保法律条文间的连贯与统一。

2. 强化劳动法律法规的宣传与教育

加强劳动法律法规的宣传教育至关重要。这不仅能提升员工和企业的法律意识，还能有效预防劳动争议。法律意识的提升有助于增强企业和员工遵守劳动法律法规的自觉性。当双方均明确自身权利与义务，以及对方的权益时，便能依法行事，既维护自身劳动权益，又避免侵犯对方权益，从源头上预防劳动争议。

3. 构建并优化劳动监督检查体系

劳动监督检查是法定监督主体为保护员工合法权益，依法对劳动法主体遵守劳动法律法规情况进行监督和检查的活动。该体系以国家公权力干预劳动关系，确保劳动法律法规的贯彻执行及劳动关系的协调、稳定。我国《劳动法》规定，县级以上劳动行政部门有权依法对企业遵守劳动法律法规情况进行监督检查，并制止、责令改正违法行为。在我国，劳动行政部门、其他行政部门及工会的监督共同构成了保障劳动关系双方权益的“安全网”。构建并优化劳动监督检查体系，对违法行为进行纠正和处罚，能有效预防劳动争议，做到未雨绸缪。

4. 依法制定并优化企业规章制度，强化制度化管理

为有效预防和解决劳动争议，企业需依据相关法律法规，制定并不断完善规章制度。这些制度作为企业管理员工的重要依据，涵盖招聘、加班、考勤、薪酬福利、培训及保密等多个方面。通过实施制度化管理，企业能确保生产经营活动顺利进行，实现目标，同时激发员工的积极性和创造力。因此，制度化管理在规范企业管理中至关重要。

5. 加强劳动合同管理，注重契约化运营

雇主与员工间的权利义务通常在劳动合同中明确约定，并以合同形式固定下来，成为解决劳动争议的重要法律依据。因此，加强劳动合同管理对于预防劳动争议，维护劳动关系和谐、稳定至关重要。具体而言，涉及以下三个方面：一是企业应确保与员工签订书面劳动合同，实现劳动关系的契约化管理；二是在签订劳动合同时，应严格遵守法律规定，坚持平等自愿、协商一致原则，清晰界定双方权利、义务，并使用准确、无歧义的语言，避免因条款模糊而产生纠纷；三是劳动合同的履行、变更、解除、终止及续订，均需遵循法定程序和要求。

三、工会在劳动争议预防方面的作用

1. 推动企业民主管理进程

我国劳动法律法规明确规定，企业需设立职工代表大会或工会，并鼓励其积极参

与及监督企业运营。这些组织旨在提升员工的责任感，确保企业重大决策能够体现员工的广泛利益，同时对企业行为实施必要监督，防止员工权益受损，减少劳动争议。为加强企业与员工的沟通，企业应建立多样化的民主沟通渠道，如投诉信箱、热线等，并定期举办企业与员工交流会。在此过程中，工会应积极推动并监督企业的民主管理，确保员工的知情权、参与权、表达权和监督权得到充分保障，以此作为预防劳动争议的重要措施。

2. 妥善应对职工权益诉求

职工在诉讼中提出的权益诉求，如劳动合同、薪资支付、工作环境安全、劳动卫生、劳动保护、劳动保险、休息休假、职业病防治、学习培训等，往往直接关联其切身利益。若处理不当，可能加剧劳动关系紧张，引发劳动争议。因此，工会应发挥其桥梁和纽带作用，积极收集并整理企业与员工的诉求，构建完善的职工需求表达机制，预防劳动争议。例如，在企业内部设立职工诉求反馈机制或接待中心，通过职工代表大会等平台向企业高层传达员工诉求。同时，工会应引导员工正确运用法律手段维护自身权益，如设立法律援助站、提供法律咨询热线等，合理引导员工诉讼维权。

3. 强化工会组织能力建设

除监督企业民主管理、引导职工诉求外，工会还可以通过加强自身组织建设来预防劳动争议。具体包括：一是优化组织结构，完善工会组织架构，明确各部门职责，确保工会工作高效运行；二是建立调解体系，设立专门的调解机构或指定调解人员，确保职工争议得到及时调解；三是促进沟通交流，搭建职工与管理层之间的沟通桥梁，通过定期召开职工代表大会、座谈会等方式，为职工提供反映问题的渠道，确保职工呼声得到及时回应；四是定期审查合同履行，工会应定期检查劳动合同的履行情况，确保合同条款得到合法、有效执行，同时关注合同内容的合理性和公正性，为职工争取更好的工作条件和待遇。

四、协调劳动关系的三方协商机制

基于国际劳工组织提出的三方协商组织原则，众多国家均建立了多种形式的三方协商机制，并依据各自国情采取了相应的运作方式，以履行三方协商机制在协调劳动关系方面的职责。在我国，这一机制具体通过协调劳动关系的三方会议制度来得到实施。

1. 三方会议的工作原则

在我国协调劳动关系的三方会议遵循以下工作原则：

（1）合法、公正、及时原则。

在协商过程中，必须以国家法律法规为基准，确保所有政策和规则的合法性；在协调时，需秉持公正、公平的原则，不偏袒任何一方；同时，应迅速及时得出协商结果，避免久拖不决。

（2）相互理解、信任、支持、合作原则。

我国劳动关系协调三方协商机制下各方根本利益一致，即发展社会生产力，满足人民群众日益增长的物质文化需求，因此在协调过程中，各方需以维护共同利益为出发点，相互理解、信任和支持，采取协作态度，确保三方协商机制正常运行。协商时，各方虽有权发表意见，但应兼顾对方意见和共同利益，以企业和员工共同发展为目标，不得损害对方利益。协商过程中，劳资双方应避免过激行为，不得互相攻击或采取不合作态度。

（3）兼顾国家、企业、职工三方利益原则。

在协调劳动关系时，需兼顾国家利益、企业利益和职工利益，确保任何决策都不损害任何一方利益。这是三方协商的出发点和前提条件。

（4）平等协商原则。

三方代表以平等身份参与协商，确保利益兼顾和共同发展。任何一方不得凌驾于其他方之上。这是协商顺利进行的重要保障。

2. 三方机制的运行规则

我国国家级三方会议制度对协商规则和程序作出以下规定：

（1）原则上，三方会议每四个月召开一次，如有需要可临时召开。

（2）每季例会轮流在三方机关或其他地点召开。会议前两周，各方向会议办公室提交议题，办公室将确定的议题报告给会议主席和副主席。临时会议的召开时间、地点和议题由提议方提出，并经办公室与另两方协商确定。会议由主席或委托副主席主持。

（3）每次会议都指定专人记录并形成会议纪要。根据议题的重要性，会议纪要可上报或下发。各地三方协商机制运行模式基本上遵循国家级三方会议制度的协商规则和程序，部分地区还结合实际情况进行创新，例如：上海市将日常管理、人员培训、信息发布、紧急约见、监督巡视和定期汇报作为三方机制的基本制度；大连市建立了定期例会、定期检查、定期报告、信息通报、工作部门碰头会和重大争议协商会等六项制度。

3. 三方协商机制的职责和内容

三方协商机制的核心职责是召集三方代表共同研讨经济和社会政策，探讨劳动关系中的重大议题，并就相关问题达成共识，为政府制定和发布劳动关系政策、劳动法律法规及规定提供支持。

（1）职责任务。

在我国三方会议制度的五项主要职责包括：探讨经济体制改革政策和经济社会发展规划对劳动关系产生的效应，并据此提出政策性的见解和建议；分享并讨论在协调劳动关系工作中遇到的情形与难题，分析劳动关系的现状及未来走向，针对具有全局意义和普遍趋势的重大劳动关系问题展开协商，以达成共同认识；就制定及监督执行与劳动关系调整相关的法律、法规、规章及政策，提出意见和建议；指导并协调地方建立三方协商机制，推动企业开展平等谈判、签订集体合同等劳动关系协调工作，同时指导地方劳动争议的处理，并推广成功案例与经验；对跨地区或在全国范围内具有显著影响的集体劳动争议或群体性纠纷进行深入调研，提出解决方案和建议。

（2）协商内容。

三方协商的要点涵盖以下七方面：深化平等协商机制，完善集体合同与劳动合同体系；企业重组改革期间的劳动关系调整；企业薪酬分配机制；确立并执行最低工资标准、工作时间、休息休假、劳动安全保障、女性及未成年工特殊保护措施、员工福利、职业技能提升等劳动标准；劳动争议的预防与解决；员工民主参与管理和工会组织的强化；其他劳动关系调整的相关议题。

本章小结

劳动争议指的是在劳动关系框架下，劳动者与用人单位之间在实现劳动权益与履行劳动责任过程中所产生的矛盾或冲突。劳动争议的构成要素包括劳动争议的主体、劳动争议的内容和劳动争议的客体。劳动争议的主体具有特定性，且往往源于劳动关系。劳动争议的内容具有特定性，指在社会生产过程中，劳动关系双方因劳动权利的行使与劳动义务的履行而产生的争议。劳动争议的解决方式包括调解、仲裁和诉讼等，这些解决方式均遵循民事法律程序。通常情况下，劳动争议发生后，会采用多元化的解决方式，涵盖协商、调解、仲裁及诉讼等手段。

主要术语

1. 个别劳动争议：又称个体劳动争议，是指劳动者一方当事人数量在规定人数限额以下的，与用人单位发生的纠纷。劳动者一方的人数在一至九人时，为个别劳动争议。在现阶段劳动争议处理机构受理的劳动争议案件中，绝大多数劳动争议为个别劳动争议。

2. 集体劳动争议：有狭义和广义之分。狭义的集体劳动争议是指劳动者一方当事人数量在规定限额以上的，且因共同理由与用人单位发生的纠纷。根据《劳动争议调解仲裁法》第 7 条的规定，发生劳动争议的劳动者一方在 10 人以上，并有共同请求的，可以推举代表参加调解、仲裁或者诉讼活动。因此，狭义的集体劳动争议所涉及的劳动者一方当事人的人数至少为 10 人，且这些劳动者有共同诉求，通过推举代表参加调解、仲裁或诉讼活动。广义的集体劳动争议除了包括狭义的集体劳动争议，还包括集体合同争议（又称团体争议）与集体行动争议。集体合同争议是指基于集体合同发生的争议，通常发生在工会与用人单位之间。集体合同争议可分为两种情况：一是因签订集体合同发生的争议，即在集体合同协商过程中发生的争议；二是因履行集体合同发生的争议。集体行动争议是指由劳动者的集体行动引发的集体劳动争议。

3. 劳动争议处理的原则：劳动关系主要建立在双方自愿与自治的基础之上，国家权力一般不对其进行直接干预。然而，若劳动关系双方的纠纷无法得到及时有效的预防和解决，可能会对国家经济发展造成不利影响。因此，预防和公正地处理劳动争议显得尤为重要。为此，我们需要设立专门的纠纷解决机构，并采取适当的方法来化解矛盾。劳动争议的处理应遵循以下原则：(1) 重视调解、迅速处理原则；(2) 基于事实依法处理原则；(3) 法律面前当事人平等原则

4. 劳动争议预防：劳动争议的预防，通常指的是劳动行政部门、企业管理部门、工会以及劳动争议仲裁机构等相关单位，依据相关法律法规，在劳动争议尚未发生之时，就主动采取一系列有效的策略和措施，旨在积极预防并避免劳动争议的出现。与劳动争议的处理相比，劳动争议预防是一项前置性的工作，其核心目的在于通过事先的防范手段来阻止劳动争议的发生及矛盾的恶化，故其是一种积极主动应对劳动争议的方法。

阅读文献

1. 唐鑛，等．劳动争议处理．北京：中国人民大学出版社，2020.

2. 张冬梅．劳动争议处理实务教程．北京：中国人民大学出版社，2021.

复习思考题

1. 劳动争议处理的目的和原则是什么？

2. 工会在劳动争议预防处理体系中有什么作用？
3. 三方协商机制在预防劳动争议中发挥着什么样的作用？
4. 请收集劳动争议处理的案例，思考该案例展示了哪些劳动争议处理的原则。
5. 请思考新就业形态领域如何预防劳动争议。

图书在版编目（CIP）数据

工会与劳动关系学/闻效仪，孟泉主编. -- 北京 ：中国人民大学出版社，2025. 6. --（中国特色社会主义工会学系列教材）. -- ISBN 978-7-300-34024-1

Ⅰ. D412. 6；F249. 26

中国国家版本馆 CIP 数据核字第 20253WE551 号

中国特色社会主义工会学系列教材

工会与劳动关系学

主　编　闻效仪　孟　泉

副主编　钱智超　孙　妍　刘露露

Gonghui yu Laodong Guanxixue

出版发行	中国人民大学出版社		
社　　址	北京中关村大街 31 号	**邮政编码**	100080
电　　话	010 - 62511242（总编室）		010 - 62511770（质管部）
	010 - 82501766（邮购部）		010 - 62514148（门市部）
	010 - 62511173（发行公司）		010 - 62515275（盗版举报）
网　　址	http://www. crup. com. cn		
经　　销	新华书店		
印　　刷	北京密兴印刷有限公司		
开　　本	787 mm×1092 mm　1/16	**版　　次**	2025 年 6 月第 1 版
印　　张	12 插页 1	**印　　次**	2025 年 6 月第 1 次印刷
字　　数	228 000	**定　　价**	48. 00 元